ビジネスパーソンのための法律を変える教科書

別所直哉
ヤフー株式会社執行役員

Discover

はじめに　私たちも法律を変えることができる

「ルールは変えられる」ことを意識していますか？

ルールは守らなければならない。私たちは幼い時からそう教わってきました。しかし、そのルールは自分たちで作るもの、ということを教えてもらった記憶はありますか？

幼い頃から、人は右側通行、横断歩道は手を挙げて、といった身近な交通規則などに始まって、あらゆるルールについて「ルールは守るもの」と教わります。そして、中学校、高等学校に進学すれば服装など多くの行動が「校則」で決められていたことと思います。

その校則は皆さんにとって合理的なものでしたか？　あるいは、不合理なものがあると思っても「ルールはルールなのだから守らなければ」と考えてきたものだったでしょうか？

判断能力が十分に備わっていない児童生徒を守るためのルールは、原則として守ることだけを考えていればよいでしょう。そのため人が成長過程で最初にルールに接する時には、ルールは守るものと教えられるのは当然のことです。

しかし、大人になるとルールは単に守るものから、ときには自らが作っていくべきものに変わっていくものです。そのことを意識したことはありますか？　黙っていてもルールは誰かが決めてくれるものだと思いがちなのではないでしょうか。

特に、法律のように最終的に国会で決められるルールについてはそうです。しかし、そのようなルールであっても、自分たちが変えたり、作ったりすることに関わることができるのです。

この本では、仮に法律であっても、それが適切でなければルールを変えていくことができるという話をしたいと思います。国会議員や省庁に勤めている人でなくても、ルールを変えようという提案をして、変えていくことは可能なのです。ただ、多くの人はその具体的な方法を知らされていないだけです。

私は、勤めているヤフーの仕事を通じてこれまで多くの法律などの改正プロセスに接してきました。その経験を通して、ルールを変えるために私たちができることがあるということを知りました。そして、そのことを多くの人に伝えたいと考えるようになりました。

ルールを変えることの大切さ

「法治国家」などという難しい言葉を使うまでもなく社会はルールで動いています。交通事故を防いでいるのも交通ルールですし、結婚という仕組みも民法という法律が定めるルールです。何を犯罪にするのかを決めているのもルールですし、毎年1回通常国会が召集されるというのもルールです。

つまり社会を形作っているものはルールなのです。そして、そのルールを作る資格は、もともと私たち一人ひとりが持っているものです。

省庁では毎年新しい法律や政省令を立案していますが、省庁に勤める人々は国民のために働いている人々です。法律案を国会で審議し、決議している議員の人々も皆さんから選挙で選ばれて働いている人々です。

その人々に法律を作る権限を与えているのは国民である私たちであって、よいルールを作ってもらうために国会議員や省庁に勤めている人に正しい情報を提供したり、自らの考え方を伝えたりすることは私たち自身の役目でもあります。

しかし、どのようなプロセスで法律が作られてくるのかを知らなければ、いつ、どこで、誰に働きかけをすればよいのかわかりません。

「陳情をしてもなかなか変わらないんだよね」という声も多く聞きます。

しかし、有力と言われる議員に話をすれば済むというものではありません。関連する省庁の担当者にお願いすればよいというものでもないのです。また、国会で議案が通る直前になって国会議事堂の前に集まってデモ行進をしても法案が覆ることはほとんどありません。

ルールを変えるためには適切なアプローチが必要だということです。**プロセスを知って、アプローチ方法を考え、その上で何ができ、何をしなければならないのか、誰と一緒に誰に働きかけるのか、総合的に判断して取り組むことです。**

もちろん、社会全体に関わることですから、ルールを変えることは簡単なことではありません。しかし、ルールを変えることはできるのです。

ルールを変えるのは多くの人々の力で

さまざまな分野をカバーし、合理的ではない法律や、時代遅れの法律を見直して変えていくには多くの人々の参画が必要です。より多くの人々がルール作りに関心を持てば、それだけさまざまな分野をカバーすることができます。自分自身に深く関連するようなルールや、関心が高いルールについては、省庁任せや議員任せで大丈夫だと考えずにルール作りに参加してみてはどうでしょう。

この本は、できるだけ多くの人に、どのようにすれば当然に決まっているはずだと思っている法律などのルールを変えることができるのか、ということを知ってもらうために書きました。自分のまわりを規律しているルールが合理的ではなく何とかしたいと思っている方々や、この国がよりよくなっていくために何かしたいと思っている方々にも、この本が参考になれば幸いです。

著者

本書の構成

序章では、私たちの生活も仕事も、多くの法律に関係していること、法律は変えることができるということ、そして法律を変えるためにどのような行動がとれるのかといった基礎的な説明をしていきます。

第1章では、私が初めて経験した法律改正についての話を取り上げます。法律というルールがどのように作られるのかということを最初に概観していただくための章です。

第2章では、ルール形成に取り組むための基本的な考え方と、主要な役割を果たしているプレイヤーについて説明をしたいと思います。

第3章以下で述べる具体的な実例をより深く理解いただくために基本的な内容を第2章に盛り込んでありますが、個別の説明が冗長だとお感じであれば第2章は読み飛ばしていただいても構いません。

第3章から第11章の各章では、どのようにルール形成のために工夫をしてきたのかという私たちのアプローチを見ていただければと思います。

なお第11章までは、各章それぞれ独立していますので、面白そうだと思われた章からお読みいただいても構いません。

第3章は、省庁が設置した委員会での議論と報告書から始まる標準的なルール作りのプロセスについて書いてあります。

第4章は、長い時間が必要なルールの変更の中で、時期に応じて果たす役割を変えた例をあげました。

第5章は、多くの人々がルール変更に反対しないようなものであっても、変えていくためには賛成する人たちの声を集めていくことが鍵になるという例です。

第6章は、法律そのものではなく、法律の解釈の変更に取り組んだ例です。

第7章は、ルールのうち法律というハードローではなく民間ルールであるソフトローを選択した例です。

第8章は、今のルールを適切に使えば、ルール変更は必要ないものもあるという話です。

第9章は、大きな反対を乗り越えた例として書きました。

第10章は、ルール変更に果たす民間団体の役割について書いてあります。

第11章は、国内のルールだけではなく、国際ルール作りにどのように関われるのかという話です。

ビジネスパーソンのための法律を変える教科書　目次

第1部 法律を変えるための基礎知識

第1章 ビジネスを生かすも殺すも法律

第2章 法律を作る・変えるために必要なこと

第2部　ケーススタディ　課題解決のために法律を変える

第3章　検索エンジンを作ると著作権侵害になってしまう

──→著作権法改正に取り組む

第4章

インターネットで情報を伝えると選挙違反になってしまう

→公職選挙法改正に取り組む

第5章 海外から配信される電子書籍は消費税が課税されず、競争が不公平になってしまう

消費税法改正に取り組む

第6章

地方でのイベントに人が大勢集まると宿泊するところが不足してしまう

→行政ガイドライン修正に取り組む

第7章 偽ブランド品がネットオークションに出品されてしまう

→あえて法改正ではなく業界の自主基準で対応する

第8章

プライバシー保護のために「忘れられる権利」を作ることが議論になる

→新たなルールを作らないことを選択する

第9章

「約款」が契約として認められることが法律上に明記されていない

→債権法改正に取り組む

第10章 ルール作りのために多くの人々の声を集める必要がある

↓ NPOなどの団体を作る

第11章

日本の国内だけで法律を変えても対応し切れない問題がある

→さまざまな国際会議に参加する

序章

法律が変われば社会が変わる

私たちの生活には多くの法律が関わっている

法律を作ることや法律を変えることに多くの人に関心を持ってもらいたい。それが、この本で伝えたいことです。

では、私たちの生活の中で法律はどのような働きをしているのでしょうか。ある朝の風景です。起床をして、顔を洗い、歯磨きをして、朝食を食べて、通勤電車に揺られて職場に出勤していくという場面を考えてみましょう。

眠っている部屋は「建築基準法」によって耐震性などが確保されています。顔を洗うために使う、清潔で豊富で安い水道水が供給されているのは「水道法」という法律によってです。

冬の間は、顔を洗うときにお湯を使う人も多いかもしれません。水道の水をお湯にするために使うガスやガス器具を安全に使うことができるように「ガス事業法」という法律があります。

洗面所では電気をつけたり、朝からドライヤーで髪をセットしたりするかもしれませんね。電気を使う私たちの安全を確保するために「電気事業法」が電力会社や電気を小売している事業者などを規律しています。また、電気製品を安全に使うことができるように

「電気用品安全法」が定められています。

歯磨きに使う歯磨き粉は、「医薬品医療機器等法」によって医薬部外品あるいは化粧品として製造や販売が管理されています。

使っている歯ブラシや歯磨き粉をお店で買ったときには売買契約をしています。意識して契約書を取りかわさなくても、売買契約が成立することは「民法」に書かれていますし、何か問題があったときにどう解決できるのかという原則も民法で定められています。

歯ブラシなどを買うときには「消費税法」によって消費税が価格に上乗せされます。

朝食に使う食材に賞味期限表示がされているのは「食品衛生法」によるものです。

家から駅まで歩く道路は「道路法」によって整備されていて、歩行者として歩いているときには「道路交通法」で守られています。

通勤電車の輸送の安全が確保されているのは「鉄道事業法」によってです。

通勤の途中に読む新聞がさまざまなニュースを届けることができるのは「憲法」が表現の自由を保障しているからです。新聞各社は正確で公正な記事と責任ある論評を届けるために、法律ではありませんが「新聞倫理綱領」という自主基準を守っています。

勤め先が会社であれば、「会社法」の定めに従って作られているものです。

会社で働くためには労働契約が必要ですが、基本的な労働条件は「労働基準法」によって守られていますし、職場での安全と健康を確保するために「労働安全衛生法」があります。職場の環境も「事務所衛生基準規則」が基準を示しています。

ごく一般的な朝の一場面を見ただけで、いかに多くの法律というルールに囲まれているかがわかります。そして、それぞれの法律は施行するために政省令や規則が一緒に作られていることが多く、それらもルールです。また、新聞のところで触れたように法律や政省令など以外にも業界の自主基準というようなルールもあります。

他にも、たとえば、皆さんの年齢の数え方は、明治時代に作られた「年齢計算ニ関スル法律」によって計算方法が決められているだけではなく、数え年ではなくて満年齢を使うように「年齢のとなえ方に関する法律」で決まっていたりします。また、「酒に酔つて公衆に迷惑をかける行為の防止等に関する法律」が節度ある飲酒をする義務も定めています。

本当に詳細な事柄についてまでルールが存在しているのです。

課題を解決するために
法律・ルールを変えるという選択がある

社会生活はこのようにたくさんのルールによって成り立っています。つまり、社会のあり方をどうデザインしているのかを描いているものがルールだということです。

ルールによって社会がデザインされているということは、社会のあり方をよりよくするためには、ルールを変えたり、必要なルールを作ったりしなければならないということです。


さて、数多くのルールに囲まれていることをわかった上で、そのルールを私たちが変えることができるのかが、この本の主題です。

ルールを変えれば、よりよい社会、より住みやすい社会を実現できる

結論から言ってしまえば、もちろん自分たちでルールを作ったり変えたりすることはできるということです。

しかし、「法律を作る」「ルールを作る」というのは、自分には縁遠いことのように感じるかもしれません。実際、自分たちで何かをしなくても多くのルールが作られています。

しかし、自分たちが生活している社会デザインを変えたいと思うことはないのでしょうか。

ルールを変えれば、よりよい社会、より住みやすい社会を実現できます。

お酒を飲んで正常な運転ができない状態で自動車事故を引き起こした場合、危険運転致死傷罪が適用されて厳しい罰則が課せられます。これは交通事故で親族を亡くされた方々が署名活動などを重ねてルールを変えた結果です。

最近は自動車税の支払いは金融機関やコンビニなどに出かけていかなくても、インターネットを使ってオンラインでクレジットカード払いができるようになっています。これは、クレジットカードで支払うことができるようにルールが変わったからです。

結婚をする際に夫か妻かどちらかの苗字を選ばなければならない制度はどうでしょう。どちらかの苗字に合わせるか、二人とも結婚前の苗字のままでいられるかを選ぶことができるというルールにすることも可能です。

私は、2017年に立教大学の21世紀社会デザイン研究科という大学院で「アドボカシーとソーシャルイノベーション」という講義をしています。

その講義を聞いている学生たちからは、さまざまな課題があるということを教えてもらいました。

生活ゴミのリサイクルという活動に取り組んでいる学生もいます。保育士を育てる過程で、保育園での実習が引き金となって保育士の道をあきらめてしまう人が多いことに取り組もうとしている学生がいます。高齢化が進んでいく中での不動産管理のあり方に課題を見つけている学生もいます。

それらの課題は、廃棄物処理のルール、保育士育成のルール、所有権と公共の福祉とのバランスを巡るルールに、それぞれ深く関連しているものです。

ルールを作ったり変えたりするには、不断の努力が必要

社会の課題は数多くあります。そして、その課題を見ていくとルールに関係するものも数多く存在しているのです。

当たり前のように考えているルールが果たしてよいものなのかどうかを、考え直してみるということが大切です。まずは自分たちを取り巻いているルールを問い直してみるところから始めてみましょう。

課題が見つかった後は、どうルールを変えていくかです。誰かに頼めば済むというものではありません。お金でルールが変わるわけではありません。スーパーロビイストのような人は存在しません。課題ごとに取り組むアプローチも対象も異なるからです。また、必要な時間も対象やその時の状況によってマチマチです。

There is no silver bullet.という言葉があります。silver bullet（銀の弾）というのは銀で作られた弾丸のことですが、西洋において悪魔などを一発で撃退できるとされていたことから、比喩的に特効薬的な表現として用いられているものです。ルールを変えるための活動においても、silver bulletは存在しないのです。

ルールを作ったり変えたりしていくには、不断の努力が必要です。そして、誰でもルールを作るための働きかけをすることができます。つまり、ルール作りに関わるのは私たち自身だということです。

必要なことは、課題を見つけることと、何を、誰に、いつ、どのように働きかけていくのかという道筋を見つけることです。

ルールを変えていくための道筋は一つではない

ルールを作るための道筋は一つではありません。課題によっても、取り巻く環境によっても異なります。

では、どのような道筋があるのか、私たちが取り組んだ具体的な例を次章以下で述べていきたいと思います。

第1章で述べる古物営業法の話は、予想もしなかったところから法改正に直面することになった際にどう対処したかというものです。

第3章の検索エンジンを巡る著作権法改正の話は、標準的な法改正の手順に沿って歩んだ例です。

第4章の公職選挙法の話は、どのようにして世の中の関心を集めていくのかということと、関心が高まった後で、ルール作りを後押しするためにどういう道筋を選んだのかという話です。

第5章の消費税法の話は、最初に立てた道筋を状況に合わせてどのように修正しながら進めたかという例になります。

第6章の民泊についての話は、法律そのものの改正を目指さず法律解釈の指針となるガイドラインに焦点を当てて道筋を立てた例です。

第7章のハードローとソフトローの話は、自主規制という道筋についてのものです。

第8章のプライバシー保護の話は、正しい道筋を見つけるためには、まず今のルールの中に道筋を見つける努力をすることが大切だという話です。

第9章の民法改正の話は、少数意見だと言われていた状態から、どのようにして巻き返しをする道筋を見つけたのかという話になります。

第10章のNPOなどの団体の話は、道筋を進めるための団体のあり方を示したものです。

第11章の国際ルールの話は、私たち自身がまだ道筋を見つけようとしている段階にありますが、どのように考えているのかということを参考として書きました。

ここに書いたような例を見ながら、皆さんが取り組みたいと考えている課題にとって、どのような道筋があるのかを考えていただければと思います。

道筋や方法が限られているわけではありません。できるだけ可能性の高い道筋を、進捗に合わせて考え続け、選び続けることが、最終的にルールを変えるという結果をもたらします。

では、次に道筋を見つけていくための基礎となるものが何なのかをお話しします。

さまざまな省庁との関係を作る

課題を解決するために法律や政省令というルールを取り扱っている省庁との関係は重要です。では、どの省庁との関係が大切なのでしょうか。

ヤフーはインターネットを使って電気通信事業を行っていますが、だからといって総務省とだけやりとりをしているわけではありません。

警察庁、経済産業省、金融庁、環境省、文化庁、農林水産省、国土交通省、厚生労働省など数多くの省庁とやりとりをしています。それによって、得ることができる情報量も増えますし、逆に提供することができる情報量も多くなります。また、省庁との間のネットワークも厚くなってきます。

特定の省庁との関係ではなく、省庁総体との関係が重要だと考えています。これは事業の広がりを考えてみれば簡単にわかります。それぞれの省庁の設置法で定められた範囲内だけに閉じた事業をしているわけではないからです。

インターネット上のビジネスだけが多くの省庁に関係するというわけでもありません。たとえば、小売の事業は経済産業省だけが関連しているのでしょうか。配送網を持とうとすれば国土交通省、健康食品などを取り扱おうとすれば厚生労働省、商品の表示については消費者庁、独自のプリペイドカードを発行しようとすれば金融庁、犯罪対策については警察庁など、関連するルールを所管する省庁の数は多いのです。

行政機関は縦割りとなっていますが、事業は省庁の縦割りの所管を横串にして存在していると言ってもいいでしょう。その結果、事業の抱える課題については一つの省庁だけでは解決できないものがあるということです。

これは行政機関の縦割りの仕組みが悪いということではありません。効率的な行政のためには専門集団として縦割りになっていくということは避けることができないものだからです。企業の組織も同じように縦割りの構造となっていることを見れば、これまで人々が考えてきた効率的な組織のあり方としては、縦割り構造が優れているということだと思います。

一つの省庁だけでなく、さまざまな省庁を組み合わせて働きかけていく

問題があるとすれば、課題を解決しようとするときに縦割りされた一つの組織の中だけで解決しようと考えてしまうことです。しかし、そう考える必要はありません。どのように課題に取り組むかに応じて、働きかけをする省庁を組み合わせていけばよいだけだからです。

その一例をお話しします。

インターネットを利用する際に必要なＩＤとパスワードを利用者から騙し取るために本物のサイトに似せたフィッシングサイトというものが使われることがあります。初めてヤフーに似せたフィッシングサイトが登場したときは、使うことができるルールは何かを検討して著作権法に基づいて処罰をしてもらいました。著作権法は文化庁が所管している法律です。

しかし、アイコンやサイトのデザインを異にしたサイトは、著作権法違反にはならないので、そういうサイトに対しては著作権法を使うことができなくなります。そこで、次に不正競争防止法での対応を検討しました。所管する経済産業省との協議では不正競争防止法を使うことができるのではないかという結論でしたが、捜査機関と検察官の視点では使いづらいということで、なかなか踏み切ってもらうことができませんでした。

そこで警察庁が所管する不正アクセス禁止法を改正してフィッシングサイトを作成する

行為を処罰対象とするという働きかけをしました。そして現在では、不正アクセス禁止法で対処することができるようになっています。

もし、私たちが著作権法での対応や、不正競争防止法での対応にこだわっていたらどうだったでしょう。

ルールを変えるための道筋を考える際に、自分たちで枠を作ってしまわないようにすること、特に縦割りとなっている省庁の単位で考えずに道を模索することが重要です。

作る・変えるだけでなく、今あるルールを使い切ることも必要

フィッシングサイト対策の件は省庁横断で道筋を考えるということ以外に、今のルールを使い切ることの重要さを示す例でもあります。

現行のルールの構造を知って、それを使い切るところから次のルールの必要性が見えてくるものです。その点では、ルールの専門家としての法律家の役割は大きいと考えています。

もし、今あるルールで対応することができるのであれば、新しいルールは必要ありませんし、ルールを変える必要もないからです。

フィッシングサイト対策では不正競争防止法による対応も条文解釈によっては可能かもしれないという見解を一時は持っていました。しかし、最終的に刑事訴訟で起訴をしていく際の構成要件として考えた場合には実務的には使うのが難しいというところまで詰めてから、別な案を模索しました。

今のルールを使い切ると言っても、形式的な文言解釈だけで済むわけではなく、実務的に使うことができるルールでなければ役に立ちません。

法律家の役割は、事実を法律というフィルターを通して評価をすることです。そのフィルターは一つだけではありません。民事法、刑事法、手続法、行政法など数多くのフィルターを使って物事を見ることができなければなりません。ルールの数だけフィルターがあるからです。

幅広くルールを知っておくことが大切

そのためには、領域を問わず幅広くルールがあることを知っていることが大切です。一人ですべての領域をカバーすることは現実的ではありませんから、それぞれの領域の専門家を探す努力も必要になります。また、優れた専門家は、自分の限界をよく知っている人です。そういう専門家は、自分の領域ではないものについては他の専門家を紹介してくれたり、あるいは、他を当たったほうがよいと勧めてくれたりするものです。

ルールを作っていくためには、多くの領域の専門家とのつながりも不可欠です。

会社の視点を超えて世の中の視点で考えよう

私企業にいると、課題を見つけたり、課題への対応を考えたりするときに、会社の利益を世の中の視点よりも優先させようという見方が出てくることがあります。

企業活動の目的は定款に定められていますし、株主、顧客、債権者、従業員などのステークホルダーの利益を考えることが重要であることは言うまでもありません。その中で、ルールを変えていくことはどういう意味を持つのでしょうか。

企業間の公正な競争環境の維持、消費者利益の保護、表現の自由や営業の自由、ルール形成における民主的な手続きの確保といったものが、よりよいルールに変えていくための基礎にあるものだと考えています。

これらの基礎が確保されていることが、長期的には企業を守り、株主価値の向上につながってきます。問題となるのは、短期的に見た場合に、企業を守ることや株主価値の向上につながるのかどうか明確ではなかったりマイナスに見えたりすることがあるという場合です。

しかし、長期的によいルールに変えていくことを優先させなければ、短期的にはメリットがあるかもしれませんが、将来的には公正に競争することができなくなったり、消費者

長期的に企業価値の向上に
結びつくかどうかを考える

に不利益を与えたり、営業の自由が脅かされたりして、会社や事業にとって好ましくない結果がもたらされてしまうでしょう。

たとえば、国際的には捕鯨反対派は強力なNGOの支援もあって多数を占めています。日本の調査捕鯨に関しても厳しい目を向けられていますし、国内での鯨肉の販売なども非難されています。企業の中には、国際的な批判にさらされるレピュテーションリスクを恐れて鯨肉の販売を取りやめてしまったところも出てきています。

短期的に考えれば、企業防衛のために鯨肉の販売停止などの措置をとることは、一つの合理的な判断だと思います。販売数量や金額に照らしても停止による影響がその企業にとっては微々たるもので、それに比べて世界中から非難されるレピュテーションリスクのほうが大きいと考えることも、そういった判断を支える要素だと思います。

しかし、本当のリスクは何なのでしょうか。「職業選択の自由」は憲法で保障されています。企業の視点から言えば「営業の自由」ということです。企業活動を行う基礎となっているものが、この「営業の自由」です。

仮に、正当な理由なく「営業の自由」が脅かされるとしたとき、企業はどう立ち向かうのでしょうか。他人の営業の自由が脅かされていることを横目に見ながら自分たちの営業だけを守ることで失われるものはないのでしょうか。

さまざまな意見や批判を受けた場合に、それが正しいかどうかを検証することなく、圧力が大きいからという理由で従うとしたらどうでしょう。本当に長期的に企業価値の向上に結びつくのでしょうか？

ルール作りには、価値観と価値観のせめぎ合いを避けて通ることはできません。そのせめぎ合いを乗り越えていくためには、企業の視点を超えて、世の中の視点であり方を考えていくことが必要だと思います。また、世の中の視点で考えるときに、一人でいる必要はありません。むしろ、同じ意見を持つ仲間を探して一緒に行動することが大切です。

民主主義国家においてルールを作っていくためには多数の人々の賛同が必要ですし、そのための仲間作りを欠かすことはできません。その際に、重要になるのは信頼と信用だと思います。

賛同を募っておいて突然意見を翻したり、まったく正反対の意見の両方に賛成したり、過ちを認めなかったりといった行為は信頼と信用をなくすことにつながります。また、我田引水の話ばかりを持ち出すようなことをしていたらどうでしょう。皆さんが、もし、そういった相手からルールを変えたいと持ちかけられたら賛成しますか？

信頼と信用のためにも、先ほど述べた企業視点ではなく、世の中視点で見ることが重要なのです。

ルールを変えていくために働きかける「ロビー活動」

これまで、ルールを変えていこうとする際に考えなければならないことを整理してみました。次に、少し方法論を話しておきたいと思います。

ルールを変えていくための道筋は、実現したい内容や置かれた状況によって異なることは話しました。では、道筋は異なるとしても、どのような当事者と、どのようなことをしていくのでしょうか。

次項の図の外側にあるのが、働きかけをする対象の代表例です。代表例と言ったのは、たとえば国会議員をさらに分類分けしようとすれば、与党の議員、野党の議員、委員会の理事、民間企業出身の議員、省庁出身の議員、議員連盟の議員などさまざまなものがあるということです。また、ここに書いていない対象も数多くあります。

図の内側にあるものが、どのような形で働きかけをしているのかという方法の代表例です。ここでもすべての方法を列挙したわけではありませんが、概要は理解いただけると思います。

ルールを変えていくためのロビー活動は、一つの目標に向かって、時間軸を決めて、どのような人々とどのように一緒に活動をしていくのかをプランニングして進めていく活動

働きかける対象と方法

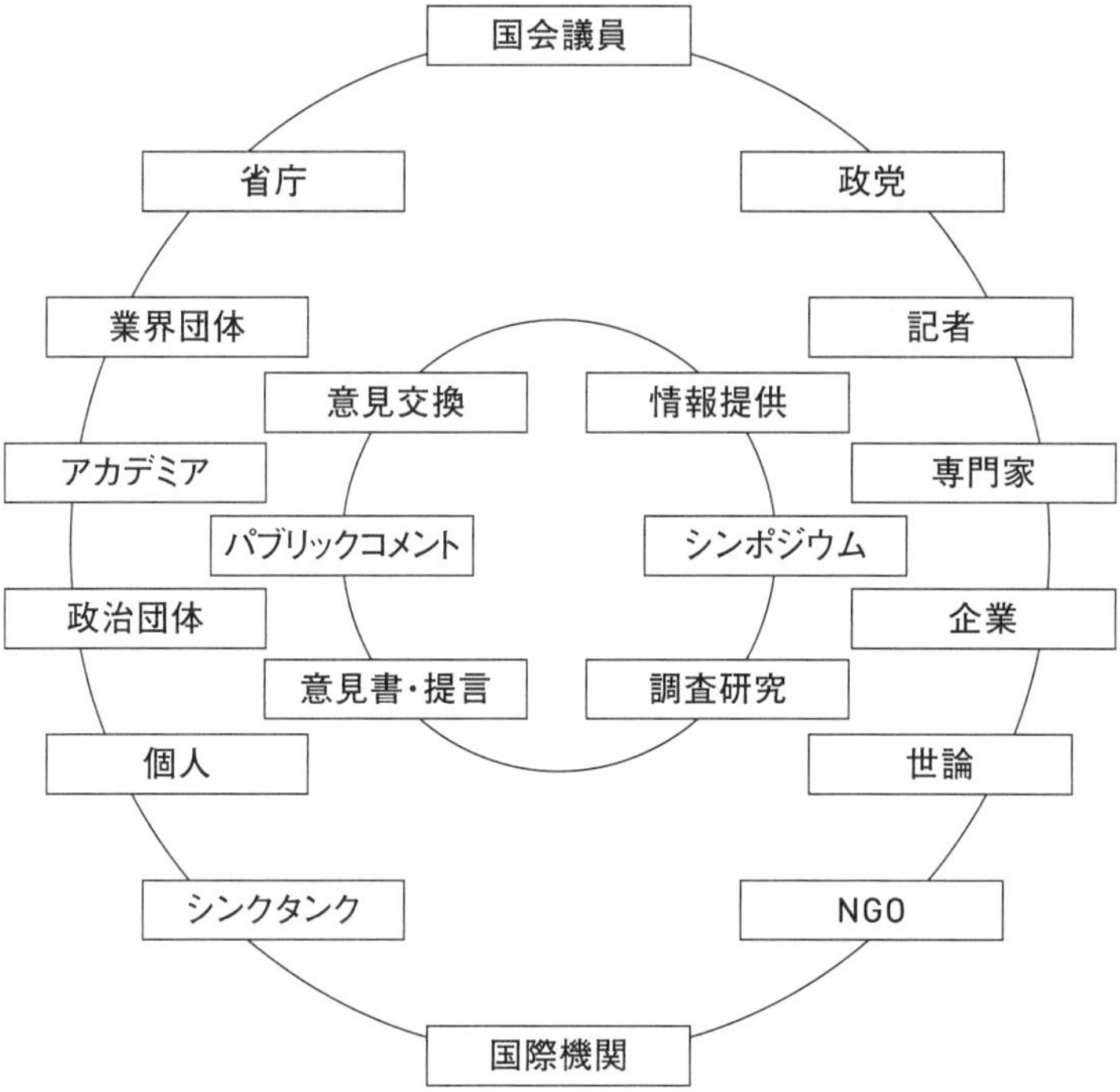
国会議員
省庁
政党
業界団体
記者
意見交換
情報提供
アカデミア
専門家
パブリックコメント
シンポジウム
政治団体
企業
意見書・提言
調査研究
個人
世論
シンクタンク
NGO
国際機関

の総称です。

どのくらい数多くのネットワークを持っているか、どのくらい多くの方法を考えることができるかが要です。

普段から情報の収集と分析を行う

ルールを変えるという活動はプランニングから始まります。何もないままプランを立てることはできません。そこで重要なことは普段の活動になります。

ヤフーには、政策企画という部署がありますが、その部署はコーポレートインテリジェンス本部という部門の中にあります。政策企画という仕事が、企業のインテリジェンス活動の一部だと位置付けているからです。

情報の収集なくしてルールを変えるためのプランニングはできません。何が起きているのかをオープンソースから分析することも重要ですし、多くの人と情報交換をすることも重要です。

インテリジェンスとしての活動のすべてを説明することは部門の性格上できませんが、たとえば、国会の委員会議事録を精査してヤフーや関連する事業について触れられている

ネットワーク作りと情報収集はルールを変える活動の基礎

ものをタイムリーに社内にブリーフィングするというようなことを行っています。

ヒューミント（Human Intelligence）と言われる部分についても強化をしてきています。プランニング以前に、さまざまな人や団体とのネットワーク作りが必要だからです。

第11章でお話ししますが、国際会議などでは会議に参加している人たちのコミュニティに加わっていかなければなりません。そのための時間も、工夫も必要です。

チーム作りと情報収集、情報分析はルールを変えていくための活動の基礎だと考えています。

ヤフーがこれまでいくつかの結果を残すことができたのも、そのためのチームがあったからです。しかし、これは多様な課題に取り組んでいくために作り上げた仕組みです。

このようなチームを持たない個人や規模の小さい団体が、ルールを変えていくことに取り組むことができないということではありません。

方法は一つではないのです。個人の持つ課題であっても、規模の小さい団体の課題であっても、正しいアプローチをしていけばルールを変えていくための道筋を見つけることは可能です。

ルール作りに終わりはない

この本で触れる、古物営業法、著作権法、公職選挙法、消費税法、民法などの法律や、行政や民間のガイドライン・自主基準なども時代に合わせて絶えず変更が繰り返されていくものです。社会が動き続ける限り、ルール変更が止まってしまうことはありません。そして、社会が変化し続ける限り、新しいルールを作る必要性がなくなることもありません。

このことは、皆さんがルール作りに携わる機会が失われるわけではないということを意味しています。

今作られているルールに不十分なところがあれば、終わることがないルール変更のサイクルの中でよりよいものにしていくチャンスはいつでもあります。必要なことは、それにチャレンジすることです。

社会にあるさまざまな課題を見出していくためには、多くの人が声をあげていくことが必要です。また、どこでどのように声をあげるのか、どうやって一緒に活動する人々を見つけていくのかを考えることが重要です。その際に、ルールが作られるプロセスを知っていなければ、効果的な活動をすることはできません。

法案が国会を通ろうとする直前に、国会議事堂の周りに集まって声をあげることは、国民の声を国会に届ける方法として、また、同じ意見を持っている人たちを集める方法としても有効なものだと思います。しかし、一方で、その方法では国会を止めることは難しいということも事実です。

ルールが作られるプロセスを知ることが重要

思想信条だけではルールを変えることはできません。ルールが作られるプロセスに従って、ルールの検討過程から意見を届け、関連する人たちと意見交換をし、説得や時には妥協をしながら、社会にとって必要なルールは何なのかを詰めていくことに汗をかくことが必要です。また、ルールを変えていくためには時間がかかることを理解して、時間軸をどう考えていくのかという指針がないと活動を継続することはできません。

そして、誰かがルールを変えていくための中心となってくれるだろうと期待していても、そういう人は登場しない可能性のほうが大きいのです。本当に変えるべきだと信じるものがあるのなら、ぜひ主権者として、取り組んでいきましょう。

コラム

ルールを作るプロセスを決めているルール

ルールの中には、ルールを作るプロセスを決めているルールがあります。ルール形成のプロセスを理解することが、ルール作りに参画していくためには必要です。その観点からは、ルール形成のプロセスを決めているルールがわかりやすいことが重要だということです。

しかし、現実はどうなのでしょうか。

中学校の公民の教科書に「法律はどのようにつくられるか」について、どう書かれているか見てみましょう。（帝国書院「中学生の公民」平成29年1月発行版より）

そこには「法律案に対しては、政党や議員によってさまざまな政策があり、意見が対立することもたびたびあります。そうしたなかで、審議を通じて合意点が見いだされ、ときには修正がなされたうえで法律として成立します」と書かれています。

しかし、たとえば、与党の事前審査の果たす役割や実際の委員会での修正が極めて少ないことなど、運用の実態については記述されていません。

議員立法については、「国民主権の観点から、国民の意思を反映した法律を制定するために、国会議員による積極的な立法が求められています」と記載されています。また、国会の審議について、テレビやインターネットなどで公開されている国会の審議を通じて、「私たちは主権者として、国会議員が国民の願いを実現しているか、見守ることが大切です」と書かれています。

しかし、見守るだけで自ら望むルールができるのでしょうか。そこには、国会議員にアプローチすることができるということや、どのようにすれば国会議員に意見を届けることができるのかは書かれていません。

内閣提出法案が多いことも記述されていますが、それを起案している省庁にどのようにアプローチすればよいのかも書かれていません。

「国民主権の観点から」から「国会議員による積極的な立法」という記述も気になります。内閣が立案する政策も法律も国民のためのものであり、省庁の役割も政策を実現するという役割です。

「国民主権」ということを書くのであれば、議員立法に限らず、自ら主権者としてアプローチすることができる手段が数多くあるということを書くべきではないでしょうか。そして、そういった手段があることを教えていかなければ、黙っていれば誰かがよいルールを作ってくれるものだと多くの人が思い込んでしまうのではないでしょうか。

ルール作りのためにできることがたくさんあると理解してもらうことも重要ですが、それだけではなく、ルール形成のプロセスに明文でルール化されていない部分が多いことも課題の一つだと考えています。

プロセスがルール化されていないということは、知らないうちにプロセスが変更されてしまい、ルール作りにアクセスする方法も変わってしまうということにつながるからです。

省庁内での検討プロセスのうち、明文でルール化されているものも少ないですし、与党の法令事前審査というものも法律で規定されているものではありません。しかし、プロセスが明文化されていないということは、現状のプロセス自体が悪いということではありません。

問題は、実態を知っている人にしかルール形成のプロセスにアクセスすることができないということです。

この点についての問題提起のために「憲法について議論しよう」という企画を始めました。「憲法」というルールは、国の組織作用に関する基礎法で、ルール形成のプロセスについての根幹を規定しているものだからです。憲法議論といえば、基本的人権や9条の話が注目されがちですが、それだけでなく多くの人々に考えてもらいたいのは「統治機構」の課題、特にルール形成のルールについてです。そのために、あえて統治機構の部分だけに絞り込んだ企画にしました。（https://publicpolicy.yahoo.co.jp/2017/04/2616.html）

序章の要点

1　私たちの生活には法律や政省令や規則など多くのルールが関わっている。

2　社会生活の上の課題があったら、ルールを変えることで解決できないか考えてみよう。

3　ルールを変えるための道筋は一つではない。さまざまな省庁や専門家とのつながりを作ることで選択肢が広がる。

4　一企業の利益を考えるのではなく世の中をよくするためにどうすべきか考える。

5　ルールを変える方法の一つとして、国会議員などに働きかけるロビー活動がある。

6　ルールを変えるプランニングのために情報の収集や分析が必要となる。

第 1 部

法律を変えるための基礎知識

第 1 章

ビジネスを
生かすも殺すも法律

私が、法律を変えることができると知った始まりは、ヤフーのビジネスを通して、法律の改正という渦に巻き込まれたところからです。最初に、その話から始めましょう。抽象的に法律がどのようにできてくるのかという説明では退屈だと思いますので、私の経験をお話ししながら法律の成立プロセスの概要を知っていただきたいと思います。

ネットオークションの悪用対策から法律改正へ

私が法律改正に遭遇したのは、古物営業法という法律についてでした。ネットオークションが急速に日本に普及した2001年当時の話です。1999年9月にサービスを開始した直後から、ネットオークションを使う人が急激に増えました。

身の回りのリサイクル品、自作のアクセサリー、骨董品の類から、入手しにくくなったレコード針などコレクターにとっては垂涎の的になるようなものまで出品されるようになりました。その一方で、オークションを悪用する人々も入り込んできました。ヤフーでは出品物をパトロールする専任部隊を作って違法なものの排除に努めていました。

それでもオークションを舞台にした詐欺が増え、当初は無料で始めたサービスを2001年5月からは有料にして出品者の本人確認を行うようになりました。

対策は進めていましたが、盗品の売買が紛れ込んだりするケースへの対応を進めるために、古物営業法の改正を検討してネットオークションに適用するという話に進んでいきました。

古物営業法とは▶

古物営業法は、人々の所有している中古品などを買い取って他の人に販売をするという仲介事業者に適用される法律で、警察庁の所管する法律です。仲介事業者は盗品が紛れ込まないように中古品を持ち込んだ人の本人確認を行ったり、捜査機関から回付される盗品リストと照らし合わせを行ったりする義務があります。
ネットオークションは古物営業法が適用される事業ではなかったため、改正の主眼は、それをネットオークションにも適用を広げようというものでした。

始まりは「委員会」への参加依頼

最初の話は、2001年の春に警察庁からヤフーに対して、ネットオークション等についての研究会を開催したいので委員として出席してほしい、という依頼が来たことから始まります。当時は、省庁の研究会の果たす役割がわからないまま、今後の検討の役に立つのであればと当時社長であった故・井上雅博さんが委員を引き受けました。

そして2001年4月から7月にかけて「セキュリティシステム研究会」が4回ほど開催されました。座長を東京都立大学法学部の磯部力教授、副座長を千葉大学副学長の多賀谷一照教授が務められ、国民生活センター、経済団体連合会、日本インターネットプロバイダー協会などの代表者やジャーナリストの方々などが委員に就任していました。

研究会では、オークションの実態や米国における法制度の有無などをヤフーから報告しました。リアルに行われているオークションは、オークショネアという仲介者が売り手と買い手の双方の間に入って代理人として売買を成立させるというものですが、インターネットオークションはまったく違う仕組みのもので、そういった説明をしています。

インターネットオークションは、物を売りたい人に対してインターネットを利用した広告システムを提供するというサービスです。**売り手を代理するわけでもなく、落札した買い手を代理するというものでもありません。**売買契約も売り手と買い手の方々の間の交渉を経て成立するもので、その交渉にオークションの運営者は一切関与しません。

また、オークションの運営者は出品物を実際に確認する手段を持っていません。

古物商は、古物を売りに来た人と直接面談して、現物を手にして確認できます。そこで

法律改正は運営者にも利用者にもメリットがないかもしれない

古物営業法では、売りに来た人が誰であるかを確認する義務や、警察から送られてくる盗品リストと現物を照合して盗品でないことを確認する義務が課せられています。古物商が古物を買い取るという前提があるため、そういう義務を果たすことができるのです。

したがって、売買が成立したかどうかを知ることや、現物を確認する手段がないオークションの運営者に同じ義務が課せられても、義務を果たす術がないことになります。そして、万一そのようなことになれば、**運営者の負担が膨大になるだけではなく、利用している人たちにとっても、使い勝手が悪くなったり、高い利用料を求められたりということになります。**

そのため古物営業法を改正してインターネットオークションに適用することには賛成していませんでした。

報告書を読み違える

研究会では、8月に中間報告書がまとまりました。その報告書には「当面、次のような対策を総合的に推進することが必要と考えられる」「インターネット等を利用した非対面取引による古物営業に関し、その実態を把握するなどして営業の適正を確保するため、関係法令の見直しを視野に入れて必要な環境整備を図る」と法律改正を示唆するような文言が含まれていました。

しかし、報告書全体としては事業者による自主的取組を中心とした方向性が望ましいという結論づけをしたようにも読むことができるものでした。そのため、私たちの考え方が尊重され、古物営業法の改正を強く進めるものではないという結論となったととらえていました。**今から振り返ると、霞が関の文化やプロトコルを熟知していなかったことが読み間違えをした要因だったと思います。**

審議会・研究会の役割

各省庁には審議会、研究会など多くの会議体が存在しています。それらの会議体は世の中の有識者と呼ばれる人々、事業者の代表、消費者の代表などで構成されています。そして、そこで議論した内容が報告書という形でまとまり、法律の制定や改正を示唆する内容となっていれば、法律の制定（改正）の準備を進めるという手順が取られています。

会議体には座長がいて報告書を取りまとめる責任者となっていますが、会議体の運営を座長一人で行うことは不可能なため、現実的には各省庁の担当者（事務局）の手腕によるところが大きいというのが実情です。

この警察庁の研究会での最初の経験から、審議会、研究会に関わるには、事務局となっている省庁が最終的な落とし所をどうしたいと考えているのかを知ることが大切だということを学びました。

10月になると中間報告書を受けて警察庁から今後の方向性について意見を聞きたいという話が来ました。今後の方向性というのはどのようなことなのか確認したところ、国家公安委員会が安全なネットオークションについて認定をするための基準を作っていきたいので意見を聞きたいのだという説明を受けました。

私たちは古物営業法が改正されるという可能性を考えていなかったため、国家公安委員会が定める認定基準のあり方についていくつか意見を述べたものの、古物営業法改正に反対するという意見は述べずにいました。それらを踏まえて2002年1月にセキュリティシステム研究会から「古物営業法の一部改正についての意見」が出されました。その時点に至っても、改正についてあまり心配していませんでした。

改正案をスッパ抜いた毎日新聞

そんな矢先、2月20日に毎日新聞が警察庁で検討中の古物営業法改正案を掲載しました。ネットオークション規制について追いかけていた毎日新聞の記者が入手したものを公表したことで、具体的な内容を知ることができました。

改正案では、インターネットオークションの運営者は「古物競りあっせん業者」として許可を受けなければならないとした上で、予想もしていなかった義務も課せられるという内容でした。

たとえば、出品物が盗品であると客観的に認められるときは売買を中止するなどの措置を取らなければならないといった規定です。しかしオークションの運営者は出品されている物そのものを生で確認することはできません。ネット上に書き込まれた説明と写真という情報しか持っていないのです。

「意見書」の提出によって反論する

そういう情報だけで、盗品であると客観的に認められるというような状況が想定できるのでしょうか。初めて目にした改正案の内容に驚いた私たちはただちに警察庁に対して懸念点を伝え、意見書を提出しました（左の画像）。

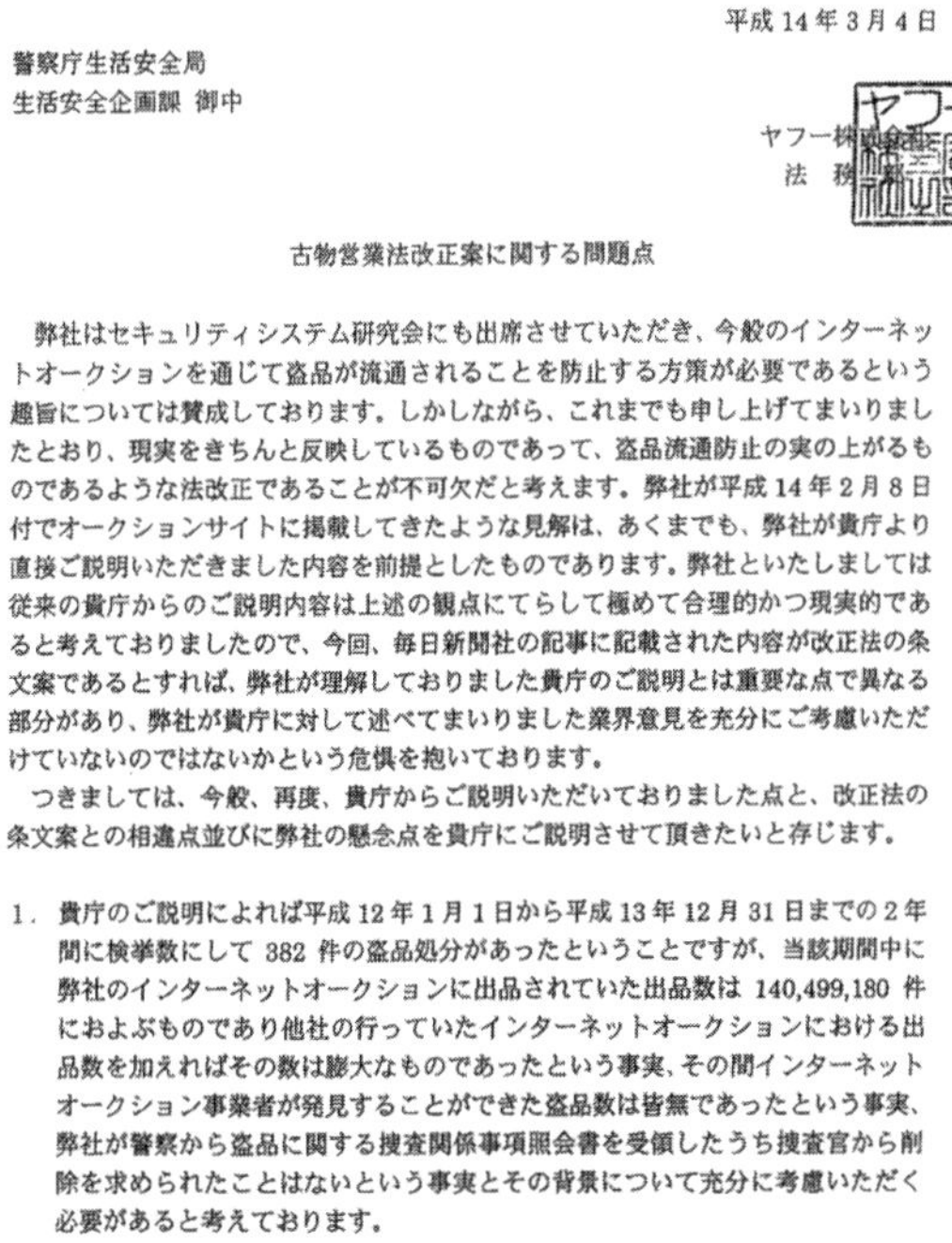

平成 14 年 3 月 4 日

警察庁生活安全局
生活安全企画課 御中

ヤフー株式会社
法　務　部

古物営業法改正案に関する問題点

弊社はセキュリティシステム研究会にも出席させていただき、今般のインターネットオークションを通じて盗品が流通されることを防止する方策が必要であるという趣旨については賛成しております。しかしながら、これまでも申し上げてまいりましたとおり、現実をきちんと反映しているものであって、盗品流通防止の実の上がるものであるような法改正であることが不可欠だと考えます。弊社が平成 14 年 2 月 8 日付でオークションサイトに掲載してきたような見解は、あくまでも、弊社が貴庁より直接ご説明いただきました内容を前提としたものであります。弊社といたしましては従来の貴庁からのご説明内容は上述の観点にてらして極めて合理的かつ現実的であると考えておりましたので、今回、毎日新聞社の記事に記載された内容が改正法の条文案であるとすれば、弊社が理解しておりました貴庁のご説明とは重要な点で異なる部分があり、弊社が貴庁に対して述べてまいりました業界意見を充分にご考慮いただけていないのではないかという危惧を抱いております。

つきましては、今般、再度、貴庁からご説明いただいておりました点と、改正法の条文案との相違点並びに弊社の懸念点を貴庁にご説明させて頂きたいと存じます。

1. 貴庁のご説明によれば平成 12 年 1 月 1 日から平成 13 年 12 月 31 日までの 2 年間に検挙数にして 382 件の盗品処分があったということですが，当該期間中に弊社のインターネットオークションに出品されていた出品数は 140,499,180 件におよぶものであり他社の行っていたインターネットオークションにおける出品数を加えればその数は膨大なものであったという事実、その間インターネットオークション事業者が発見することができた盗品数は皆無であったという事実、弊社が警察から盗品に関する捜査関係事項照会書を受領したうち捜査官から削除を求められたことはないという事実とその背景について充分に考慮いただく必要があると考えております。

その後、意見書を提出しては、それに対する警察庁からの回答を受け取るというやりとりを3度ほど繰り返しました。3度目の意見書はディー・エヌ・エー、楽天、ヤフーの3社の連名で提出しました。

仲間作りの重要性

法律案を提案したり、意見を言ったりするときには、同じ意見を持つ仲間をできるだけ多く探すことが大切です。法律は一事業者のために作られたり、改正されたりするものではありません。国民全体に影響するものですから、影響を受ける多くの人たちが賛成したり、あるいは反対したりしているという事実が重要だからです。

古物営業法についても、同じ事業をしている中でヤフー1社だけが問題があるという主張をしているとしたらどうでしょう。説得力があるとは言えません。そこで、当時ネットオークションサービスを提供していた楽天とディー・エヌ・エーと相談して、意見書は3社連名で出すことにしました。これで「ヤフーと警察庁」という構造から「ネットオークション事業者と警察庁」という構造になったわけです。

省庁間折衝にも頼る

さて、自分たちが警察庁と直接やりとりをしている間に、並行して省庁間での折衝も行われていました。経済産業省がベンチャービジネスの成長を守るという視点から警察庁と折衝をしていたのです。**そのとき初めて、私たちは法律案については関連する他の省庁が手を挙げて所管省庁と折衝することができることを知りました。**

そこで、総務省にも話をしてみました。総務省は電気通信事業法という法律を所管しているため、電気通信事業を営んでいる事業者を管轄する権限を持っています。

ネットオークションは電気通信事業に該当すると自分たちでは考えていたものの、その視点で総務省と話をしたことがなかったため、自分たちの見解を伝えて、総務省の観点から省庁間の折衝をすることが可能なのかを尋ねに行きました。結果として、総務省も折衝に加わるという決定をしてくれました。次ページの読売新聞２００２年２月26日朝刊32面の記事は省庁間の折衝についてのものです。

当初は２月末にも閣議決定がされる予定だと聞いていましたが、省庁間の調整や事業者との意見交換などの影響もあり閣議決定が３月にずれ込みました。

読売新聞 2/26 朝刊 12版 (32)

ネットオークション

法規制巡り対立

インターネットオークションに新たな法的規制を導入する「古物営業法改正案」をめぐって、主管官庁の警察庁に、総務省、経済産業省の両省が強く反発している。警察庁の狙いはネットで横行する盗品売買を防ぐためオークション業者を届け出制にし、警察への通報義務などを課すものだが、総務、経産省はそれぞれ「通信の秘密を侵す」「電子商取引の拡大に障害となる」などの観点から改正案の修正を求めている。調整は難航しており、当初予定の二十六日の閣議決定は見送られた。（島田 範正）

警察庁やる気「盗品売買防ぐ先進的試み」

「通信の秘密侵す」総務省などは反発

インターネット・オークションにおける盗品の処分状況

閣議決定と省庁間の協議

内閣が法律案を国会に提出するときには、閣議決定というプロセスを経ます。その閣議決定は不文律で全員一致を原則としているため、どこかの省庁が反対していれば法案は通過しません。そのため関連する各省庁は閣議決定の前に事前協議を行って妥協点を探ることになります。対応する省庁と民間との間で意見交換や協議をするだけではなく、関心を持ち、一緒に意見を言ってくれる省庁があることは支えになります。

ただし、省庁間協議によって法案の提出が見合わされるような結果となることはまずありません。万一、どこかの省庁が提出しようとしている法案の提出にストップをかけるようなことをしてしまったら、いつか自分たちの提出した法案で同じことをされる可能性があるからだと言われています。少なくともある省庁が本気で法案を提出したいと考えている以上は十分な準備を重ねてきているため、簡単に覆すことができるものではないというのが実態です。

警察庁との協議は続いていましたが、閣議決定に向けて条文の詰めも進んでいきました。

閣議決定

国会では、3月末までは予算と予算関連法案が審議され、4月からはそれ以外の法案審議が始まります。そのためには予算関連法案ではない古物営業法の場合には遅くとも3月中に法案を国会に提出するための閣議を終えておかなければなりません。そこで、3月半ばが閣議決定の期限となるわけです。

インターネットオークション事業者に課される許認可は、許可制とされていたものが届出制となりました。客観的に盗品だと判断されるものの売買を中止させる義務はなくなりました。代わりに警察が盗品の可能性が高いと判断をした場合に中止命令を出すことができるという形になりました。省庁間の折衝の結果です。

古物営業法改正案は3月15日に閣議決定されました。

条文案を知ることの大切さ

ここまでの流れの中で、もし、毎日新聞が条文案を載せていなかったらどうなっていたでしょうか。

「霞が関のルール」として、検討中の条文は外部には漏らさないことになっています。つまり公式に検討中の条文にアクセスする機会はないということです。条文が確定するまでは、省庁間協議や内閣法制局との協議によって条文が変わっていくため途上の条文は公開しないということだと聞いています。

つまり、普通であれば確定するまでの間に公に条文案を見ることができて意見を述べることができるチャンスはないことになります。その状況を覆したのが毎日新聞でした。

法律の実際の内容は具体的な条文の規定によって決まります。たとえば、インターネットトオークションが許認可の対象とされる可能性があるという情報だけを聞いたとしても、単なる届出なのか許可なのか、その届出や許可に必要な要件はどうなっているのかなどは

条文を見て折衝することが不可欠

条文を読まないとわかりません。

法律改正の趣旨や方向性などの説明だけでは具体的な内容に何が盛り込まれているのかが不明確なので、条文を見て折衝することが不可欠だということです。正確に、どこが問題なのかを把握して指摘するために条文へのアクセスが必要です。

閣議決定がなされるまで条文案を具体的に知ることができなかったとすれば、事業者が反対をしている理由もわかりにくくなります。どういう理由で、どのような内容に対して事業者が反対しているのか、それを、新聞記事を通じて多くの人々に伝えていく機会は、毎日新聞の記事によって支えられたと考えています。

もし記事が掲載されていなければ、実態を十分に世の中の人や議員の方々に知ってもらう機会がないままに時間が過ぎたと思います。

また、このケースでは閣議決定までの間に省庁間の協議によっていくつかの条文が修正されましたが、条文内容がわかって問題点を指摘できたことの影響も大きかったのではないかと思っています。適切なタイミングで事業者からの指摘ができなければ、修正されないまま閣議決定されてしまっていたということも考えられます。

そうなると国会の委員会での修正を試みなければならなくなりますが、ハードルは一気に高くなってしまいます。これから説明する、与党内プロセスで承認されてしまうと、国会で野党が覆すことは事実上困難であるからです。

もう一つの検討プロセス……政党内の審査

ところで、閣議決定に至る前に、実はもう一つの検討プロセスがあります。政党内の審査プロセスです。残念ながら、その当時は与党の党内手続きにアクセスするという知恵を持っていませんでしたので、もしその知識があれば、もう少し違った行動をとることができたかもしれません。

閣議決定という内閣内の意思決定プロセスと並んで、自由民主党（以下本書では読みやすさを考えて一般に使われている略称の「自民党」と表記します）内には自民党自身の法案審議のプロセスがあります。

自民党内の法案の検討は、提出してきた省庁に応じた自民党の部会で行われます。たとえば、経済産業省からの法案であれば自民党経済産業部会、厚生労働省の法案であれば自民党厚生労働部会がそれぞれ法案を審査するということになります。その審査が通れば政務調査会、総務会を経て党内での了承プロセスが終わります。

つまり、法律案が国会に提出されたときには与党内の承認は終わっている（つまり、国会での議論をまたずに与党は賛成することになっている）というわけです。このプロセスを考えると、法案について自民党内で検討をしてもらうためには各部会での議論の俎上にのせてもらう必要があるということです。もっとも、各省庁も当然にこのプロセスは熟知していて議員回りをしているので、省庁の説明以上に説得できる材料を提供できなければなりませんが。

閣議決定がされた時点でできることは終わっている場合が多い

閣議決定がされたということは、省庁間の調整も完了し、与党内の承認手続きも終わったことを意味します。プロセスを知っている人から見れば、この時点でできることは終わっていることになります。

あきらめずに突き進む

ところが私たちにとっては最初の経験でしたので、無謀だったのかもしれませんが、さらに踏み込んでいろいろな試みをしてみることになります。

まずあらためて、記者の方々に現状の説明をすることにしました。資料を準備して、できるだけ課題をわかりやすくすることを目指しました。その結果が４月４日付の「ネット

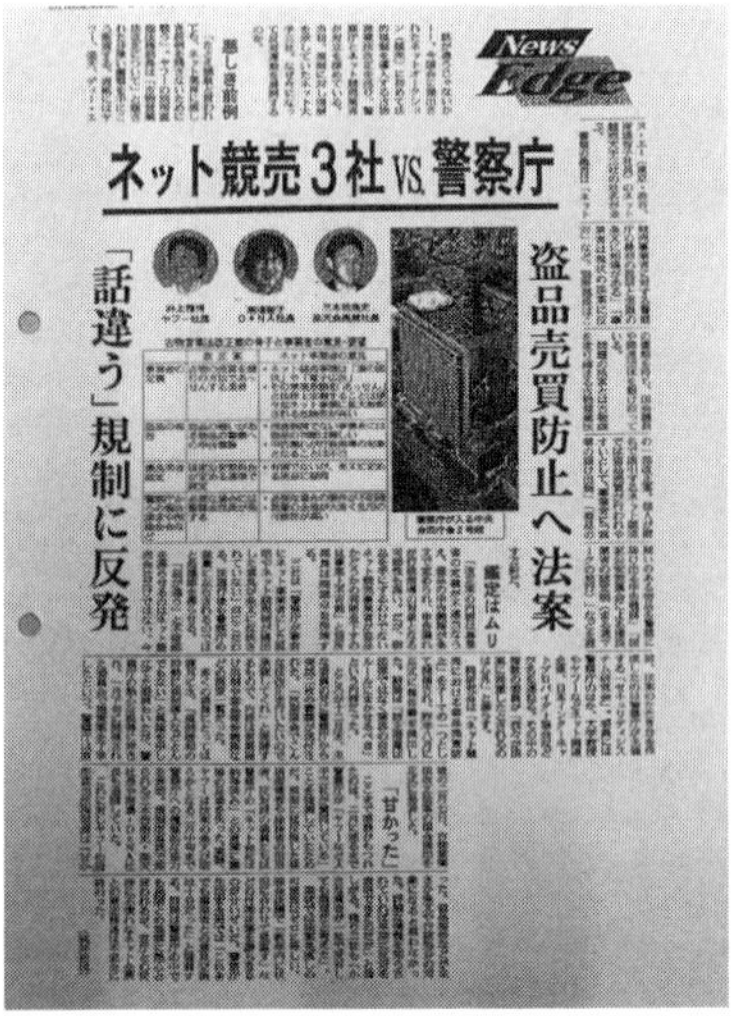

News Edge

ネット競売3社VS.警察庁

盗品売買防止へ法案

「話違う」規制に反発

競売3社ｖｓ警察庁」と、少し物々しい題名のついた記事に結びつきます（日経産業新聞２００２年４月４日朝刊24面）。

世の中の関心を高める▼

法律を立案する省庁にとっても、法案を審議する国会議員にとっても世の中の関心事が気になるところです。法案の多くは成立までの間に世の中の注目を浴びることは少ないのですが、マスメディアが取り上げれば、関心が集まることにつながります。

そのため多くの記者の方々に関心を持ってもらうということは重要なことになります。

国会議員の理解者を増やす

同時に国会での審議対応のために国会議員に話す機会を持ちました。新聞の記事などの影響だと思いますが、民主党のヒアリングに呼んでいただきました。警察庁と事業者が民主党のヒアリングで、それぞれの説明をしました。

また、衆議院の事務局の方々が、提出された法案についての資料をまとめるためということで話を聞きに来てもくれました。各議院でそういった資料が作成されていることも、そこで知りました。多くの議員の方に知ってもらうには各議院の資料に記載されることも大切になります。

古物営業法改正については民主党の議員の方々が高い関心を持ってくれました。それが国会の委員会（古物営業法は「内閣委員会」で審議されました）での質疑につながります。

論点の一つがインターネットを使って人々がマッチングされること（オークションの場合は、売り手と買い手が結びつく状態）を「あっせん」と呼ぶかどうかでした。一般的には仲介する者が労をとって二者を結びつける行為を「あっせん」と言うので、ネットオークションのように売り手の広告を見て、買い手がシステムを使って申し込みの意思を伝えるというようなものを「あっせん」とは言わないと考えていました。

特に、インターネット上のサービスは人と人とをつなげていくことができるという特性を持っているため、それを「あっせん」と言われてしまうと、オークションに限らずさまざまなサービスでも仲介者としての責任があるように誤解される可能性がありました。

マッチングサービスを提供している人には一切責任はないというような考え方は正しくなく、一定の責務は果たすべきです。また法律的な責任に限らず、社会からの期待に応えるという責任もあると思います。

しかし、売り手が誰か、買い手が誰か、どういう条件で売買をするのかということに一切関与しない者が、責任を負うことができる範囲は自ずと限られていて、仲介者責任と言われるものとは内容が異なると考えています。

実質的な決着

さて、国会の委員会での審議が始まるのを待ちながら、警察庁との意見交換は続けていました。主題の一つだった用語の話にとどまらず、運用に移った場合の具体的な取り扱いについての詳細まで4月から5月にかけて何度も意見交換を重ねました。その結果を踏まえて、6月4日には3社の名前で「法案に反対するという立場に固執するものでなく、意見交換の内容を踏まえて国会での審議に委ねる」ということを伝えました。

それまで強く反対する主張を続けていたので、周囲からするとどうして妥協したのかと疑問に映ったかもしれません。実情は、警察庁との意見交換を通じて法律が成立しても実務上の影響はないことが確認できたため成立を止めるまでもないと判断したからです。

この結果に至ったのは、事業者だけの力ではなく、経済産業省や総務省が法案と解釈についての折衝を積み重ねてくれたこと、マスメディアが注目し続けてくれたこと、民主党が課題として取り上げてくれたこと、そして何よりも当事者である警察庁が事業者の実情を理解しようと努めてくれたことがあってのことです。

閣議決定がなされて法案が提出されたのは第154回通常国会でしたが、国会の審議日程の影響を受けて通常国会では審議されないまま継続審議となりました。そして、国会での審議は2002年秋の第155回臨時国会で行われました。内閣委員会では、民主党が「あっせん」の意味から始め、多くの質問をなげかけてくれました。

私たちと警察庁との間で行われた協議は当事者同士で行われたものでしたが、その協議の中で警察庁から受けた説明と同じ説明が国会の委員会でも行われました。国会での質疑は議事録にも残るため、後で法律上の解釈が問題となったときにも参考になります。その意味で、国会での質疑もとても有益だったと思います。

法案の可決

国会では民主党などが、改正案中の「古物競りあっせん業」（ネットオークションのことです）に関する条項はすべて削除するという修正案を出しましたが、最終的には賛成多数で原案通り可決されています。法案はその後、衆議院本会議に送られて可決され、参議院の内閣委員会、本会議を経て最終的に成立しました。２００２年11月20日のことです。

こうして古物営業法の改正案は成立して施行されましたが、事前の協議が十分にできていたこともあり実務的には支障のない状態を確保することができました。

古物営業法を巡る一連の対応を通じて多くを学びましたが、一段落してみると、あまりにも法案制定のプロセスを知らなかったことを反省しました。そこで、法案制定プロセスを勉強しようと、社内勉強会を開催することにしました。講師は省庁出身の国会議員の方にお願いしました。

国会カレンダー

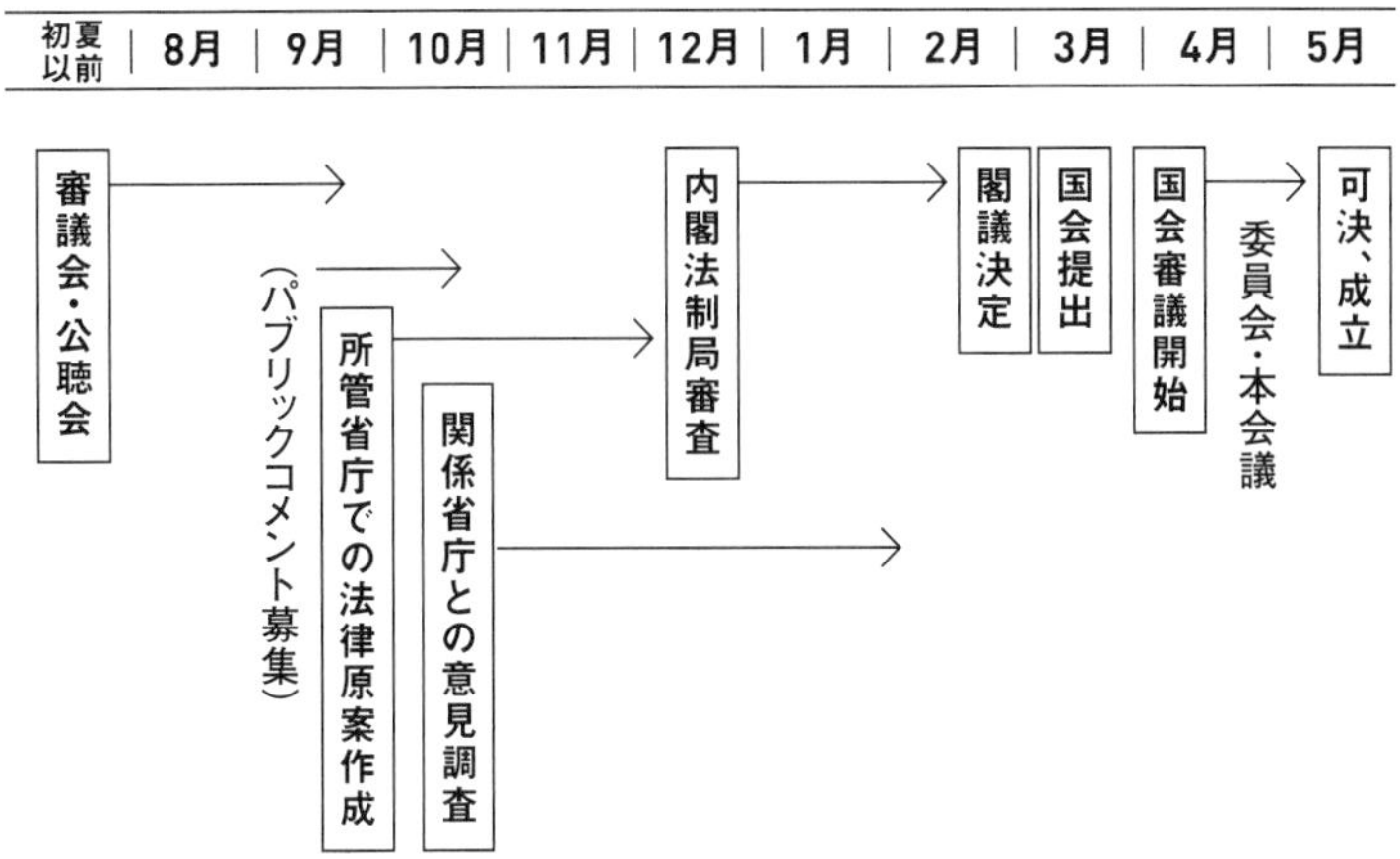

国会カレンダーとは何か

いろいろとお話は伺いましたが、「国会カレンダー」というのを教えていただいたことが、その後一番役に立っています。国会カレンダーというのは、法律制定に向けて、どのように1年間が動いているかというものです。図にすると上のようになります。

図を見てわかる通り、春から夏にかけて各省庁は次の年の国会に向けてどういう法案を出していくかを考え始め、準備として審議会、委員会、研究会などが開催されます。そして秋口までにどの法案を提出していくかを省内で決めていくことになります。

法案作成の時間を考えると、年明けくらい

法案の提出件数と成立件数

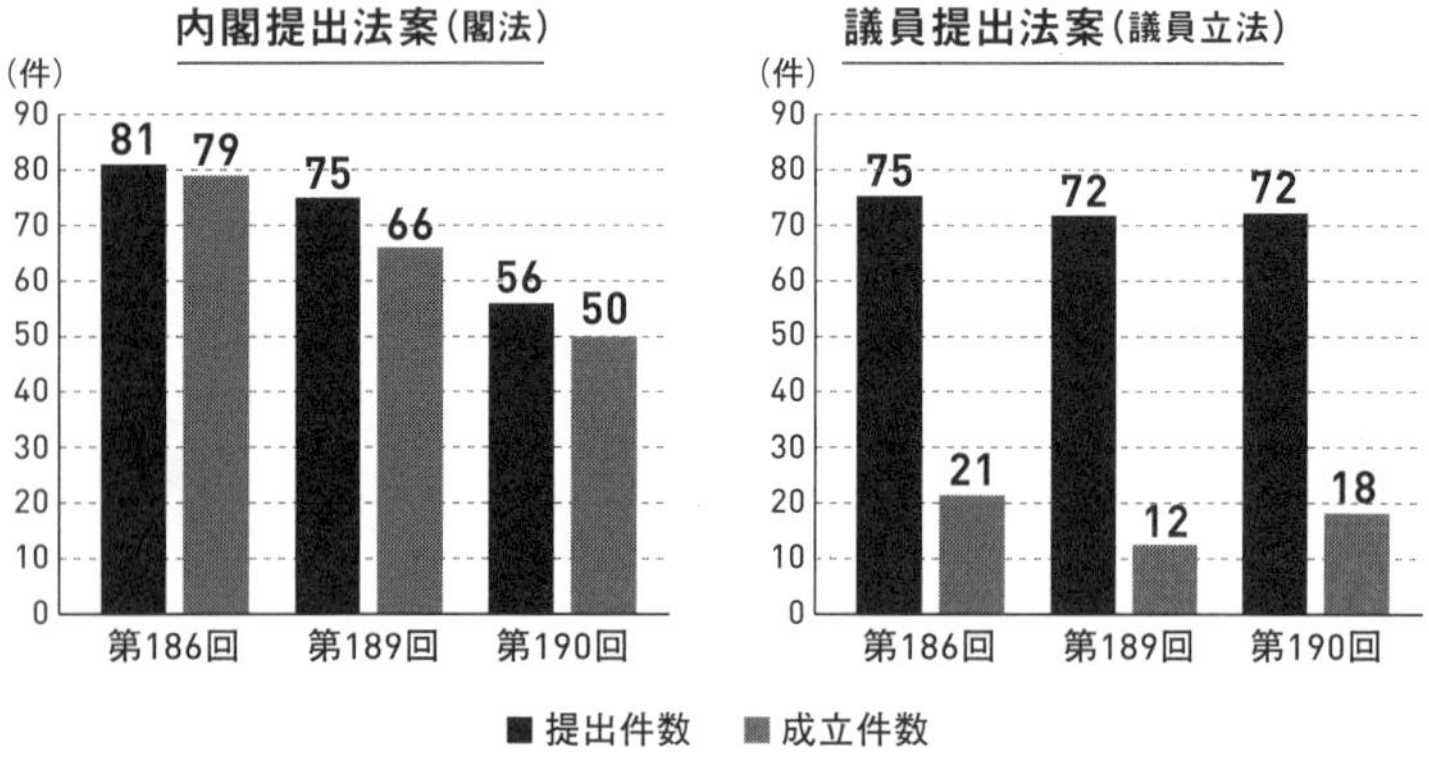

第186回 常会:平成26.1.24〜6.22／第188回 常会:平成27.1.26〜9.27／第189回 常会:平成28.1.4〜6.1
（内閣法制局ホームページより）

には内閣法制局との条文調整ができるくらいのスケジュール感で準備を進めなければならないこともわかります。

また、次のようなことも教えてもらいました。

① 法律案には内閣提出法案（閣法）と議員提出法案（議員立法）があるが、閣法の成立数のほうが圧倒的に多いこと（上のグラフをご覧ください）。

② 通常は1年に1回しか法律を作るチャンスがないこと（通常国会の召集は年1回だからです）。

③ 1年間に成立する法律の数は国会の委員会で審議することができる時間を考えると100本程度であること。

④ そして、審議できる法律数に限界があることから、各省庁が出すことができる法

正しい情報を法律を作っている人たちに伝えていかなければならない

律の数も一定の制約があること。

こういった基礎的な情報があると、どの局面で事態が動いているのかがよくわかるようになります。

ここまでで古物営業法改正を巡る私たちの経験談は終わりです。

この経験を通して法律の制定プロセスを知ることができました。それと同時に、**よいルールを作っていくためには、自分たちが持っている正しい情報を、法律を作っている人たちに伝えていかなければならないということも学びました。**

ルールは作る人のものではなくて、守る側の私たちのものです。そのことを意識して、ルールを作っていくこと（本書では、新しいルールを作ったり、今のルールを変えていくことを総称して「ルール作り」と書いています）に参画していくことが「国民主権」を実現していくことだと思っています。

コラム

法学部ではルール作りは教わらないのか？

法学部や法科大学院は法律学の専門教育機関ですが、実は、法律を勉強する過程でもルールの作り方や変え方について教えてもらう機会はほとんどありません。もちろん憲法、民法、刑法、商法、訴訟法などをはじめとした法律を学ぶだけではなく、法学や法哲学など基礎的なものを学ぶ機会はあります。

明治以降に西洋化を図るために欧州から日本に法律が持ち込まれた経緯や、民法などを巡ってフランス型の民法の原案に対して、日本の文化に合わないという理由からドイツ型の民法と組み合わされて日本の民法が作られたというような歴史も習います。

そして、それらを通して法律のあり方について考える機会も若干はありますが、立法論というものを正面から学ぶ機会は少なく、実際の立法プロセスに沿って何が起きているのかということを知る機会はほとんどありません。

法学部や法科大学院で教えているものは法律の解釈学と言われるものです。現在ある法律の条文をどのように解釈して事実に適用するかということが中心になります。解釈論の中では、解釈できる限界を超えてしまうような場合に「それは解釈論ではなくて立法論だからダメだ」と否定されるだけで、どのように立法すればよいのかという話にはなりません。

もちろん解釈学も重要です。もし、裁判官や検察官が法律の条文を超えて勝手に法律を運用するようになってしまえば法治国家とは言えなくなってしまいます。その意味で、裁判官や検察官を育てる教育機関として法学部や法科大学院で解釈学を教えることは重要です。

そして、日本における法学教育の中心が、法廷で行われる法の解釈、適用に置かれてきたことは、これまで法律家の仕事の中核が訴訟に置かれてきたことと無縁ではないと思います。司法修習も法廷での活動を行うことができるようになることを目指して行われています。

しかし、法律家の仕事は法廷の周辺にだけ存在しているわけではありません。法律家は「司法」の専門家というとらえ方もありますが、それは狭すぎます。法律家の仕事はルールをどう作るのかから始まるのです。

皆さんの身近にあるルールの一つは契約です。契約書を作ろうと考えたとき、皆さんが頭に浮かべる専門家は弁護士ではないでしょうか。

契約というのは、契約の当事者双方の間のルールです。そのルールは、公序良俗（法律用語で「公の秩序と善良な風俗」のことを言います）に違反したり、契約条項よりも優先して適用される法律（「強行法規」と言われるものです）に違反したりしない限り有効です。つまり契約は自由に設計できるルールの一つです。

しかし、専門家だと思われている弁護士の方々で、学生時代によい契約書の作成の仕方を習った人はいるでしょうか。そういった契約というルールの作り方でさえ、学ぶ機会は学校にはありません。

そして、法律というルールの作り方を体系的に教えているところも残念ながらないのが実情です。

しかし、法解釈を学ぶ過程で得ることができる多くの知識はルールを作る時に生かすこともできます。ルール作りの大切さを理解する人々が増え、立法について教える法学部や法科大学院が増えてくることを願っています。

第1章の要点

1 法律案を提案するには、同じ意見を持つ仲間を探し、連名で行うなど、一個人あるいは一事業者のためではないという事実を示すことが重要。

2 関係する省庁に働きかけ、省庁間の折衝が行われるようにするとよい。

3 マスメディアに取り上げてもらえるよう記者に働きかけることも必要。

4 国会のスケジュールに合うように準備を進めなければいけない。

第 2 章

法律を作る・変えるために
必要なこと

ケーススタディに移る前に、この章では、ルールを作るために考えなければならないこと、そのためにどういうところにアプローチするのかについて、まとめておきます。第3章以下を読む際に、役に立つと思います。

1 最初に考えなければならないこと

ルールを作ることが本当に必要か？

ルールを新たに作ったり、変えたりするためには、そのための必要性がなければなりません。法律というルールについて言えば、「立法事実」と言われているものが、ルールを作ったり変えたりする必要性を示すものです。立法事実があることは当然のことのように思われるかもしれませんが、案外、立法事実が曖昧なものも見受けられます。

社会的に問題も起きておらず、事件などにもなっていない事柄について、単に心配だからといってルールを作っていたらどうでしょう。**ルールだらけになってしまうだけではなく、何をするにもルールだらけで不自由になってしまうのではないでしょうか。**

必要性がないのにルールを作ってはいけない

ルール作りの目的は何か？

また、ルールを作ることを考える場合、目的が何であるかも重要です。社会のルールは、誰か個人の利益のために存在しているわけではなく、どこかの会社や団体の利益を図るために存在しているわけでもありません。

社会のルールは、社会を営む国民がより安全で、豊かな生活を送ることができることを目指して作られています。社会にどのように奉仕することができるルールなのか、ここが肝心なところです。

私たちは民間の企業にいますが、新しいサービスを提供したり、今のサービスをよりよくしたいというときに、新しいルールを作ったり、今のルールを変える必要に迫られることがあります。

その場合にも、社会的な視点に立ってどういうルールが適切なのかということを常に考える必要があります。**今いる会社にメリットがあるから、あるいはデメリットがあるからということだけで、賛成、反対を決めるべきではありません。**

企業も市民としての責務を負っており、ルールを通してその責務を果たさなければならないからです。

多くの人が賛成してくれるルールにできるか？

私たちは民主主義の国に住んでいます。国民に適用されるルールは民主主義に基づいて少数意見も聞きながら、多数決で決められます。

つまり、多くの人々が賛成してくれるようなルールでなければ成り立たないということです。

一個人や一企業の利益だけを考えるようなルールに誰が賛成してくれるでしょうか。ルールを変えていくための取り組みの要諦は、仲間作りにほかなりません。**多くの仲間が生まれるようなルールを提案することを目標としなければならないのです。**

2 アプローチを間違えてはならない

新しいルールを作ったり、今のルールを変えたりすることを考える際には、まず、どんな課題を解決したいのかを整理します。

そして課題解決の方法として、どういったルール整備が必要であるのかを見極めなければなりません。課題解決に役立たないようなルールを変えるというアプローチになってしまっているとすれば、それは正しくありません。

あまり効果がなかった一つの例として、「特定商取引法」が迷惑メール防止のために改正された流れを見ていきましょう。

エビデンスなし、法律改正ありきで進んでしまった議論

皆さんは迷惑メールが来て、困ったことや、いちいち削除するのが面倒だったりしたことはありませんか。インターネットを通して送られているメールの多くは迷惑メールだという実態があります。では、どうすれば迷惑メールを防ぐことができるのでしょうか。

迷惑メール防止のために改正された法律があります。「特定商取引法」という名前の訪問販売や通信販売を規律するための法律です。迷惑メールの大半が広告宣伝をするためのメールであることから、通信販売の広告を規制するルールを持っている特定商取引法が改正の対象となりました。

改正される前のルールは、「オプトアウト規制」という方法が採用されていました。自由に広告メールを送ることはできますが、受け手から、送らないでほしいという通知をされた場合には、それ以降は送ってはいけないというルールでした。

しかし、オプトアウト規制では一向に迷惑メールが減りませんでした。それだけではな

く、得体の知れない迷惑メールの送り手に、送らないでほしいという通知をしてしまうとも気持ち悪い、生きているメールアドレスだと知られてしまう、といった心配の声もあがっていました。

そこで「オプトイン規制」にしようという方向性が打ち出されました。しかし、誰がいつオプトイン規制にしようという結論を出したのか、私たちにはわかりませんでした。経済産業省で研究会が開かれたときには、すでにオプトイン規制の導入ありきで話が進んでいたのです。

オプトインとオプトアウト▼

「オプトイン」と「オプトアウト」は、英語のｏｐｔ ｉｎとｏｐｔ ｏｕｔをカタカナ表記したものです。ｏｐｔの意味は「選ぶ、選択する、決める」(研究社新英和中辞典第7版)で、ｏｐｔ ｉｎは何かに参加する、ｏｐｔ ｏｕｔは何かから抜ける、ということを表しています。

広告メールを受信するという点では、オプトインは送り手に対して広告メールを積極的に送ってもらいたいという意思表示をするという意味を持ち、オプトアウトは勝手に送られてくる広告メールを送らないでほしいという意思表示をするという意味を持ちます。

つまり、オプトインは広告メールの受信者があらかじめ承諾したものだけを送る方法のことを指し、オプトアウトは広告メールの受信者が後から広告メールを拒絶することができるという方法を指します。

その結果、広告メールを送る、送らないの判断のイニシアチブを持つのが、オプトインの場合には受信者、オプトアウトの場合には送信者になります。


最初から法律改正ありきで議論を進めてはいけない

問題は、オプトイン規制という方法でも迷惑メールが減らないことはわかっていたにもかかわらず、法律改正ありきという議論が進んでしまったことです。迷惑メールを送っている人たちはルールを守らない人々です。オプトアウト規制を守らない人々が、どうしてオプトイン規制になったら突然ルールを守るようになるのでしょうか。それを裏付けるエビデンスはありませんでした。

それだけではありません。オプトアウト規制は広告やお知らせメールをお客様に送るための手続きは必要ありませんでした。しかし、オプトイン規制になると、お客様にあらかじめ広告やお知らせメールを送るための同意を得ておく必要が生じます。また、それを記録しておかなければなりません。

法律はすべての人に適用されます。そのため、大きな会社だけではなく、街中の小さなお店までお客様にメールでお知らせを送るための同意をとって記録をしておくという新しい作業を発生させることになります。お客様のデータ管理のためのソフトウェアの変更などのコストは、回り回ってお客様からいただく代金に上乗せされることにもなります。

それだけのことを強いて、効果があるのか、とても疑問でした。しかし、その所管省庁は、オプトイン規制で7割は迷惑メールを減らせるとしていたのです。

「何もしないより、何かしたほうがマシ」なのか？

迷惑メール対策のような話をしていると、必ずと言ってよいほど「何もしないより、何かしたほうがマシ」だと言う方がいます。しかし、街中の小さな商店のようなところにも多くの負担をかけることになるといった細部の影響まで考慮されずして、そのように言われることがあってはなりません。

迷惑メール対策については海外のルールとの比較もしました。海外では日本に先駆けてオプトイン規制を導入していたのです。逆に言えば、海外をよく見れば成功したのか失敗したのか如実にわかったのではないかと思います。

電気通信事業者10社の全受信メール数と迷惑メール数

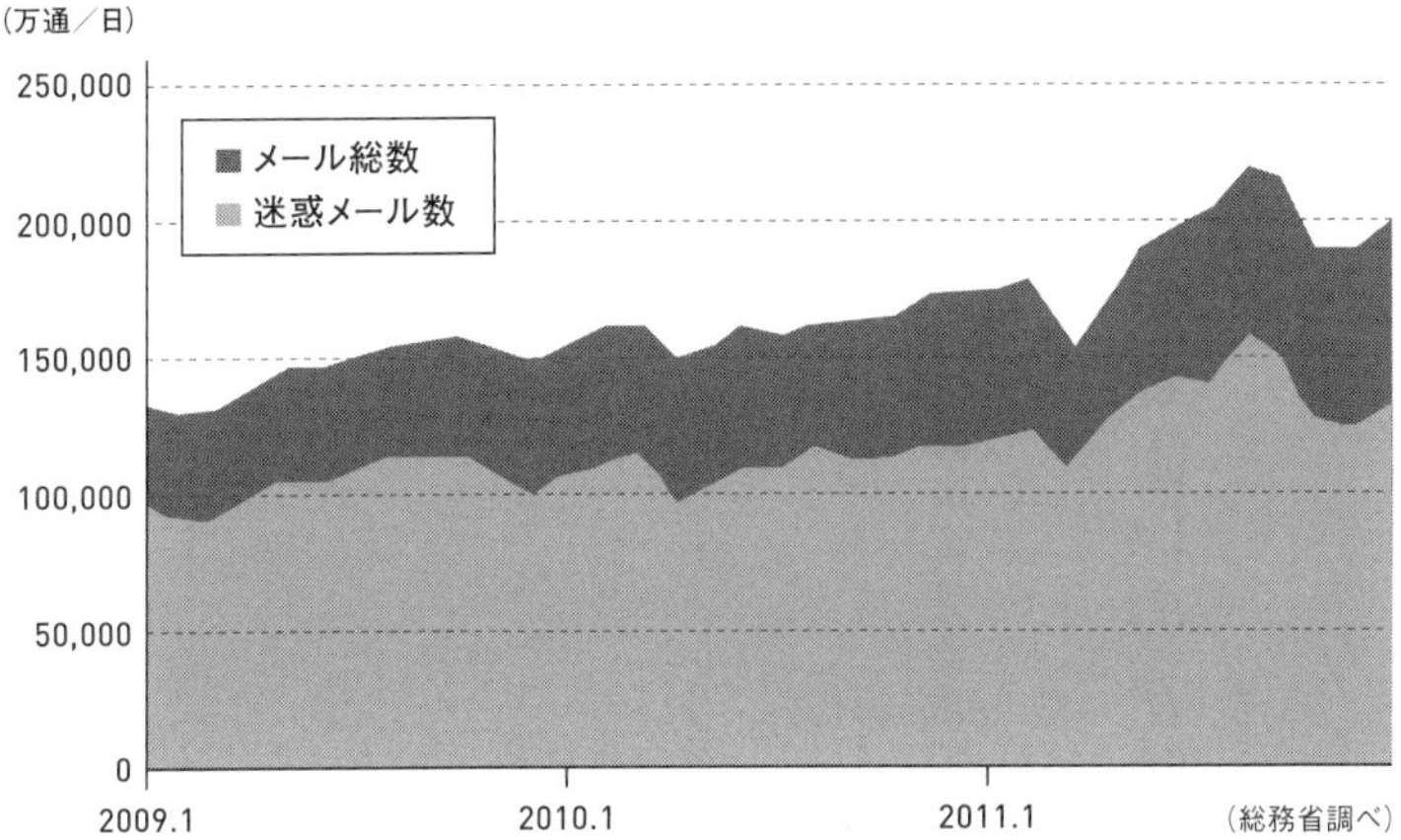

(総務省調べ)

オプトイン規制を導入した後の迷惑メールの数を示したグラフです。２００８年12月１日から改正した法律が施行されていますが、２００９年１月から施行後３年間の推移です。

省庁の中の多くの人が関わり、有識者と呼ばれる人たちの時間も使い、貴重な国会での審議時間を費やして得られた結果です。

迷惑メールを減少させたい、防ぎたいというのが課題でした。その課題を解決するためのアプローチとしてオプトイン規制を選択したことは正しかったのでしょうか。

迷惑メールを防ぐ方法には、たとえば、フィルタリングという手段もあります。迷惑メールの数が減っていないにもかかわらず、現在、多くの人が迷惑メールを読まずに済んでいるのは迷惑メールがフィルターされているからで法律が改正されたからではありません。

オプトイン規制を採用したメリットがあるとすると、それは海外の執行機関との連携が容易になったということです。海外での対策はオプトイン規制を前提にしていたからです。それゆえ、海外との連携によって迷惑メールを減らすことが可能かどうか、そのために多くの人たちにコスト負担をしてもらうことが適正なのかどうかを議論すべきでした。

特定商取引法と並んで迷惑メール防止を目的とした「特定電子メールの送信の適正化等に関する法律」（総務省所管）という法律があって、同時期にオプトイン規制を導入しています。そこでは海外の執行機関との連携という目的も明確でしたし、迷惑メールを激減できるというような議論はされていませんでした。

ルールを作るからには、課題解決に結びつくルールとなるのかどうかを、エビデンスベースで考えることが重要です。**ルールを考える際には、絶えず、ルールを変えることが正しいアプローチなのかを考えるようにしましょう。**


課題解決に結びつくルールになるかどうかエビデンスに基づいて考える

3 何を変えるのがよいのか明確にする

ルールがないというのは事実なのか？

いろいろ聞く話の中に、ルールがないからうまく物事が運ばないというようなものがあります。

その例として「善きサマリア人の法」の話をしましょう。

日本では飛行機の中で「ドクターコール」があっても4割ほどの医師しか申し出をしないと言われています。そして、申し出をしない理由としては、3割の方が法律的な責任を負うことになってしまう懸念をあげています。

アメリカ合衆国やカナダには「善きサマリア人の法*」という法律があって「急病の人などを救うために無償で善意の行動をとった場合、良識的かつ誠実にその人ができることをしたのなら、たとえ失敗してもその結果につき責任を問われない」ことになっています。

日本には、こうした法律がないから申し出を躊躇させているということも言われています。

＊good-samaritan law: A statute that exempts from liability a person (such as an off-duty physician) who voluntarily renders aid to another in imminent danger but negligently causes injury while rendering the aid. Some form of good-samaritan legislation has been enacted in all 50 states and the District of Columbia. (Black's Law Dictionary, 9th Edition)

本当にルールがないのかどうかを
きちんと確認するべき

しかし、「こうした法律がない」というのは事実ではありません。

日本では民法の698条によって、急患の方の生命、身体に対する危害を防ぐためにした行為については、悪意や重過失があった場合を除いて、損害賠償責任を負わないとされています。つまり同種の法律は存在しているのです。

課題は、その事実が知られていないということです。

ルールがないという意見を聞いたときは、本当にルールがないのかどうかをきちんと確認しなければなりません。

どのルールの問題なのか？

ルールはさまざまな形で存在しています。そのため、どのルールの問題なのかも突き止めなければなりません。**課題を解決するために必要ではないルールを作ることは徒労にすぎません。**

その際、ルールが体系立って作られていることを知っておくことは大切です。憲法、法律、政令、省令、規則、告示、ガイドラインと憲法を頂点として体系づけられています。

もし、日本の首相を国民の選挙で選びたければ「憲法」を変えなければなりません。しかし、国会の会期を150日からもっと伸ばしたければ憲法を変える必要はありません。150日という期間を定めている国会法を改正すればよいからです。

教育の無償化も憲法を変える必要はなく、法律改正で済みます。憲法は改正に特別な手続きが必要なものです。もし、その手続きを経ずに課題解決ができるのであれば、それを選択するのが合理的だと思います。

法律も国会を通過しなければ変えることができないルールです。政令や省令で定められている項目であれば、法律改正は必要ありません。省庁内の手続きで変えることができるものです。

海外から配信されてくるデジタルコンテンツに対する消費税課税の課題に取り組んだことがあります。消費税の件は第5章で取り上げますが、このときは政令の改正でも対処できるのか、それとも消費税法を改正しなければならないのかを十分に検討しました。

また、民泊問題に取り組んだ際には、地方でのイベントのための民泊は「旅館業法」の対象外だという法解釈を所管省庁である厚生労働省から出してもらうことで、法律改正という形を取らずに課題解決を図ることができました。

ルール作りを考える場合には、どのルールが鍵となるものなのかを分析してアプローチをすることも大切です。

4

必要な相手に働きかける

働きかける相手は誰か？

ルール作りのあり方を理解いただいた上で、ここでは、どこに働きかけをしていくのかという話をしたいと思います。

次ページに一覧できる図を示します。

第1章で示した図の中から詳しく理解いただきたい5つの対象を取りあげたものです。省庁、国会議員、報道機関（記者）、他社・業界団体（国際機関）、アカデミア（学者）です。

省庁

一般の人が省庁を訪ねてもきちんと話を聞いてくれる

閣法が立法の主流ですから、普段最も多くアクセスをするところは、やはり省庁になります。92ページに省庁の概要図を示しました。

政策提言を働きかける先

- **アカデミア**への働きかけ
- **他社・業界団体**への働きかけ
- **報道機関**への働きかけ
- **国会議員**への働きかけ
- **省庁**への働きかけ

一般の人が省庁を訪ねて話を聞いてもらえるのかと心配する人も多いと思いますが、杞憂です。省庁に勤める方々の多くが実態を知りたいという意欲を持っています。

そのため、単に意見を述べにいくというよりも、理解してもらいたい事実、実態について資料を持って説明をしにいくことになります。

例として、私たちが初めて総務省に出かけていったときの話をしましょう。プロバイダ責任制限法（正式名称は「特定電気通信役務提供者の損害賠償責任の制限及び発信者情報の開示に関する法律」と言いますが長いので略称が使われています）が成立した直後です。

権利侵害をしている投稿等にプロバイダが気づいたときに削除しなければ、損害賠償責

省庁の概要図

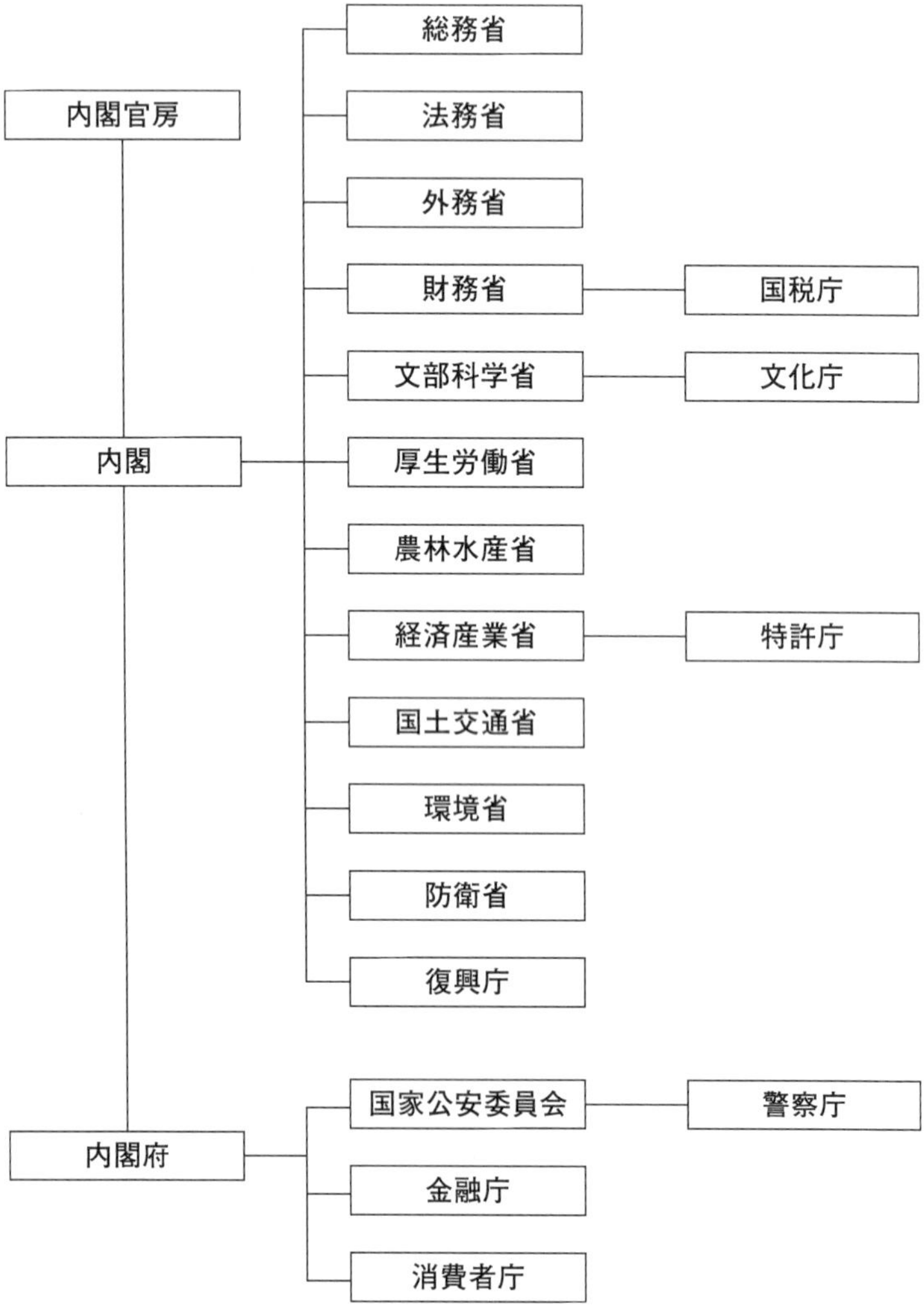
内閣官房
内閣
内閣府
総務省
法務省
外務省
財務省
国税庁
文部科学省
文化庁
厚生労働省
農林水産省
経済産業省
特許庁
国土交通省
環境省
防衛省
復興庁
国家公安委員会
警察庁
金融庁
消費者庁

任を負うということが書かれている法律です。この法律に基づいて、たとえば著作権者から著作権侵害だという通知を受けた場合にはプロバイダが指摘されたものを削除していくということが期待されていました。

この法律の制定プロセスには関与してはいませんでしたが、ヤフーでは削除依頼を数多く受け取って対応に苦慮していた経験がありました。その経験からは、通知をすれば簡単に削除できるものだと思われてしまっても困ると考え、実際の削除依頼は判断に困る内容のものが多いこと、そして件数がどのくらいあるのかなどを説明に行きました。

その甲斐もあってか、プロバイダ責任制限法の運用についての民間ガイドラインを検討する会議に参加することができました。

警察庁とは古物営業法改正をきっかけにしてさまざまな意見交換などを行っています。また、警察庁が主催する「総合セキュリティ対策会議」（現在は「サイバーセキュリティ政策会議」）に参加し防犯のための官民連携の枠組み作りで協力もしています。

ネットオークションにさまざまなものが出品されたこともあり、その対応の相談にこれまで多くの省庁を訪問してきました。

シマフクロウの剥製問題で環境省、イチゴの苗の出品で農林水産省、象牙の出品で経済産業省や外務省、偽ブランド品問題で内閣府の知的財産戦略本部、東富士演習場から流出した薬莢の問題で防衛省、健康食品の問題で厚生労働省、という具合です。

金融庁とは資金決済法で、消費者庁とは消費者契約法で、法務省とは債権法で、財務省とは消費税法で、文化庁とは著作権法で、協議をしてきました。民泊法に関連しては観光庁（国土交通省）とも話をしています。

いろいろな省庁とやりとりをしてきていますが、どこでもきちんと話を聞いてもらえます。課題が絞れたら省庁へのアプローチを始めてみましょう。

国会議員

与党内の法案の事前審査手続きや国会での質疑などでの役割を考えれば、国会議員の方々へのアプローチも重要です。問題は、誰がアプローチする先として適任なのかということです。

国会議員の定員数は衆参両院合わせて707人であり、議員一人ひとり得意とする分野も異なります。その中から持っている課題を解決するために最もふさわしい議員を自分たちだけで探すというのは難易度が高すぎます。

今では何人か相談に乗っていただける議員の方々ができたため、行き先を迷うことは少なくなりましたが、最初はどうしてよいのかわかりませんでした。幸運だったことは、古物営業法という初めての案件で議員側から声をかけてもらえたということです。

どの議員に相談したらよいか、省庁に尋ねてみるとよい

その後はヤフーで「みんなの政治」というサービスを始めたこともあり、議員の方々を知る機会も増え、アプローチ先に悩むことも減ってきました。

しかし、初めての場合にはどうすべきでしょうか。**一つの方法は、相談をしている省庁に尋ねてみるということです。もう一つの方法は、国会にかかるとしたらどこの委員会に付議されることになるかを考えて、その委員会の理事を務めている議員に会いにいくことです。**

そして、何人かの議員と知り合いになった後は何をすればよいのでしょうか。

議員の中には定期的に勉強会を開いている方々がいます。朝食勉強会とか昼食勉強会というような形で、議員本人の話に加えて講師を招いての講演と質疑応答といった構成です。政治資金規正法上は政治資金パーティに分類されていますが、内容はしっかりした勉強会です。

国会で何が起こっているのかという話を生で聞くことができるだけではなく、多彩なゲストスピーカーの話も聞くことができるものです。

夜に開催される政治資金パーティは、所属する政党幹部議員の挨拶や後援会長の挨拶が続き、最後に本人が挨拶するという形が多いので、どのようなことに関心を持っているのかということを知りたいのであれば、朝や昼に開かれる勉強会に行ってみることをお勧め

します。

こちらから主体的に勉強会を開催して話しに来ていただくという方法もあります。業界団体などで行われているものです。

いずれにしても700人以上いる議員の中から、信頼できる議員を見つけておくことが大切です。

コラム

古物営業法の後日談

第1章でお話ししたように古物営業法改正に関連して、議員への説明を行っていました。そして、実際に関心を持ってもらって結果的に委員会で取り上げてもらうことができました。

しかし、臨時国会が開催される直前に、私たちからの議員の方々へのアプローチについて曲解された記事が出てしまいます。古物営業法改正について「危機感を抱いた業界は初めて『政治』への接近を試みた。（中略）幸か不幸か、秘書が中身を問い合わせてきたのは二件にすぎなかった。（中略）今、業界には『政治に近づきすぎなくてよかった』との声が漏れる。『票や献金をまとめてくれと言われても困る』」という記事でした（２００２年10月16日付日本経済新聞朝刊）。

立法プロセスを学びながら、議員の方々の果たしている役割や与野党問わず勉強熱心な議員の方が多いことを知る機会を得られてよかったと思っていた矢先の記事でした。この記事を読んだ議員の方々の一部からは、話をするときに私たちはそんなことを考えてきているのだと思われたらしく、しばらく議員の方々とのやりとりを行おうとする際のシコリになりました。

ヤフーの見解として書かれていましたが、いまだに、記事に書かれた内容の出所となぜそういう記事があのタイミングで出たのかは、わかりません。

報道機関

多くの人たちに課題の存在を気づいてもらう。課題に共感してくれる人を増やす。意見を述べてくれる人を増やす。そのためには報道の役割がとても大切です。

インターネットの時代ですから、自分たちで発信する手段がないわけではありません。フェイスブック、ツイッター、自分たちのホームページなどオウンドメディア（自らが持っているメディア）はあります。それでも、より客観的に多くの人たちに課題を知ってもらい、

普段から多くの記者と話をしておく

考えてもらうためにはマスメディアがやはり強力な存在です。

しかし、記者の人たちに、これが問題です、という話を突然して、すぐに記事にしてもらうというのは無理な話です。それぞれの記者の視点もありますし、もともと持っている問題意識も異なります。そのため、**普段から多くの記者の人たちと話をしておく機会を持っておかなければなりません。**

報道機関の窓口は、企業では広報部門が担っています。広報部門は企業としての発信を適切に行う責任を担っていますので、広報を通さずに記者と会うというようなことは認めないというのが普通だと思います。会社のリスクマネジメントという観点からも当然です。

そこで、企業では広報部門との協力体制がとても重要になります。

広報部門は常に記者の方々と情報交換をしていますので、まずは広報部門に何がルールとしての課題かを理解してもらって、それを伝えてもらうということが必要です。場合によっては、広報部門と一緒に報道機関の方と会うこともあります。

その場合、第一線の記者の方々だけではなく、新聞社で言えば編集委員や論説委員の方々、雑誌社で言えば編集長の方々と意見交換をさせていただくことも大切です。

記者の方々との情報交換や意見交換はとても有益です。もちろん、課題を世の中に伝えてもらうためでもありますが、多くの人からさまざまな話を聞いて情報も豊富に持っている記者の方々から意見をいただけることが貴重です。気をつけなければならないことは、一所懸命課題に取り組もうとするあまりに自分たちを見失ってしまうことです。

世の中の方々の賛同がなければ、ルールを作ることはできないという初心を忘れてはなりませんし、そのために足元を見直すには記者の方々のような第三者から意見を聞いてみることです。

また、記者の方々と話をする際の前提は、聞いた話を記事にするかどうかはそれぞれの記者自身の判断次第ということです。**話をしたからといって記事を書いてもらえる保証はありません。逆に、会話の中で何気なく話したことであっても、オフレコのつもりで話をしたつもりでも、その内容が記事になるのは仕方がないことです。**

また、記事にするタイミングをコントロールはできません。報道機関の使命は、伝えるべきであると判断したことを世の中に伝えるということにあるからです。私たちの意見で、それを止められるような性質のものではありません。

「報道の自由」は多くの先人が戦って勝ち取ってきたものです。その権利を適切に報道機関自らが行使し続けなければ、「報道の自由」も「知る権利」も守ることはできないということだと思います。

そういった報道機関の役割を十分に理解して、情報を提供したり意見交換をすることが大切です。

他社・業界団体

ルールを変える目的は、社会のためでなければならないという話をしました。一企業が考えていることではなく、社会の利益のために他の会社も同様に考えている、業界全体として取り組むべき課題だと考えているという枠組みを作ることが、社会のためのルール変更だという説得性を増すことになります。

ヤフーは設立してから数年間は、いわゆる業界団体には原則としては所属しませんでした。当時は、インターネットを使ってサービスを提供している企業の規模も小さく、大きな団体の中では存在が埋没してしまって、自分たちの意見を団体の意見としてまとめることが難しいと考えていたためです。

例外は日本インターネット広告推進協議会（ＪＩＡＡ：現在の日本インタラクティブ広告協会）と日本知的財産協会に入っていたことです。

ＪＩＡＡはインターネット広告の審査基準の業界ガイドラインを作るために創設された団体で、設立時からヤフーが副会長を務めていました。インターネット広告を信頼してもらうための枠組みとして有用でしたし、ガイドラインなどの作成に直接関与できた点でも有益でした。

業界団体では下積みをしながら信頼を得ることが重要

日本知的財産協会は、産業財産権の改正の際には実務的な観点からの意見を特許庁から必ず照会される存在であるため入会をすることにしました。第二次世界大戦前から設立されており、規模も大きな協会です。

その中で、自分たちの意見を取り上げてもらえるようなポジションを得るには、入会当初からしばらくは実務作業の多い委員会に委員を送って下積みをしながら信頼を得ていくことが重要です。つまり、数年かけて主要な委員会の中核メンバーとなっていくことをあらかじめ目指しての参加でした。

そして、会社としてコミットして貢献できる団体以外には入らないという基本方針でした。

そのため、当初は省庁の委員会にも一企業という立場で呼んでもらっていました。しかし、いくつかの場面で「一社だけの意見では」と言われることもあり、個別の案件ごとに他の会社と連名で意見書を出したりしていました。古物営業法改正について楽天、ディー・エヌ・エーとヤフーの3社で一緒に意見書を出した時のようにです。

次第に多くの活動を他社と一緒に手がけることが増えたこともあり、児童ポルノサイトをブロックして閲覧できないようにするためにインターネットコンテンツセーフティ協会を創設し、インターネット上の違法・有害情報についての申告を受けてプロバイダなどに削除を依頼するためのセーファーインターネット協会を創設するなど、必要な団体を自分たちで作り上げるということもするようになりました。

また、経済団体連合会（以下、本書では「経団連」と表記します）にも加盟し、会員企業としての活動も始めています。

課題によって一緒に活動することができる企業の仲間は異なります。また、一つの団体ですべての目的を達成する動きをとることができるわけではありません。そのため、課題に応じて企業同士で集まったり、あるいはすでにある団体の中で活動をしたりするということを選択しながら進めています。

ルールを変えるための枠組みとしての共同体が、同じ志を持つ企業の緩やかな集まりだったり、団体だったりするのです。

アカデミア

ルールを変えるために協力が必要なアプローチ先として、最後にアカデミアをあげたいと思います。アカデミアというのは大学の先生や研究者の方々のことです。

ルールを変える必要があるのかどうかの分析、どのルールをどのように変えるのがよいのか、ルールを変えた結果はどのように予測できるのかなど、ルールを変えるためにはさまざまな分析をしなければなりません。その際、アカデミアの方々の力が必要になります。

検討結果を研究成果として公表してもらうというようなこともあります。ルールを変えたいという意見を客観的に支える研究があれば説得力も増しますし、報道機関が課題を取り上げる際に有用な有識者の意見も得られやすくなります。

またルール変更そのものは必要ないものの、誰も解釈をしていない分野についての法解釈を研究として取り上げてもらうというようなこともあります。たとえば、ネットオークションでは売買される物の写真が掲載されていますが、その写真掲載をどのように解釈すれば著作権法上の問題とはならずに済むのか、写真の掲載と著作権との関係について研究をしていただいて論文を出してもらったようなことがあるなどです。

多くの人たちに関心を持ってもらうためにアカデミアと協力して、シンポジウムを開くこともあります。債権法改正の議論が進んでいた中で、論点から落とされそうになった「約款」について、その必要性を広く理解してもらいたいと消費者代表、事業者などを招いてアカデミアの方にモデレータをお願いして公開シンポジウムを開いたこともあります。

大学の先生の中には政府の審議会や委員会によく招聘される方々がいます。そのような方々に事業の実態がどのようになっているのか、正確な情報を提供することも重要です。審議会などで発言される際に、実態を前提に意見を述べてもらうことができるようにするためです。

大学の先生たちについても情報を集めておく

アカデミアにはさまざまな方がいます。課題に直面したとき、どの分野のどの方にアクセスするのかが鍵を握っていますので、アカデミアの方々についても、できるだけたくさんの情報を集めておかなければなりません。また、課題の多い分野については定期的に大学の先生たちと意見交換を行うなどの工夫をすることも忘れてはなりません。

第2章の要点

1　最初に考えなければならないこと
・ルールを作ることが本当に必要か？
・ルール作りの目的は何か？
・多くの人が賛成してくれるルールにできるか？

2　アプローチを間違えてはならない
・最初から法律改正ありきで進まない
・課題解決に結びつくルールとなるかどうかをエビデンスをもとに考える

3　何を変えるのがよいのか明確にする
・ルールがないというのは事実なのか？
・どのルールの問題なのか？

4　必要な相手に働きかける

・省庁
・国会議員
・報道機関
・他社・業界団体
・アカデミア

第 2 部

ケーススタディ

課題解決のために法律を変える

第 3 章

検索エンジンを作ると著作権侵害になってしまう

標準的なルール作りのプロセスとは？

著作権法改正に取り組む

今ではわが国でも多くの人が、日々インターネットの検索エンジンを使っています。しかし、日本には検索エンジンを提供する会社がありません。ヤフーは検索サービスを提供していますが、実は検索エンジンは米国グーグル社のものを使っていて自前の検索エンジンではありません。

ここでは、著作権法が改正された話を通して、日本で検索エンジンを提供する会社が生まれなかった背景と、ルールを変える意味合いを考えてみたいと思います。

また、ルール作りの方法論の観点からは、政府の会議の果たす役割とともに、会議に参加するに際してはどのようなことが大切なのかを述べます。

日本で検索エンジンはどのように進歩してきたか

著作権法改正について話を始める前に、まずは1990年代初めに日本で検索サービスが登場した頃からの歴史について簡単に振り返ってみます。

インターネットが登場し、インターネット上のページが増えるにつれて、どこにどういうページがあるのかを探すことが大変になってきました。毎日のようにさまざまなホーム

日本における検索サービスの歴史

	サービス名	ジャンル
1993	NTTホームページ	ウェブディレクトリ
1995	Yahoo! Japan	ウェブディレクトリ
	NTT DIRECTORY	機械検索
	Lycos,Infoseek,AltaVista	機械検索
1997	goo	機械検索
1998	Google	機械検索
	MSN	機械検索

ページが増えてくる中で、自分が探し出したい情報を見つけるための手段が求められるようになってきます。その中で、ホームページを探すことができるサービスが登場しました。それが検索サービスです。

初めて登場した検索サービスはディレクトリ型といって、人間がホームページの内容を見て、分類をして検索のために階層化しインデックス（索引）を作るというものでした。ヤフーのサービスも、始まりはディレクトリ型の検索サービスでした。

人が目で見て分類をするためにサーファー（ネットサーフィングをすることから名前が付けられました）と呼ばれる職種の人たちが、毎日、新しくできたホームページを探し、利用者にとって必要な情報を提供していると判断したものを、分類を決めてディレクトリに登録していました。

ところが爆発的に増え続けるデータに人の目だけで対応することが次第に困難になってきました。そこで、機械によってデータを収集して自動分類する検索エンジンが登場してきます。しかし、最初の頃の検索エンジンはあまり使われませんでした。

その理由は、探したい情報が見つけにくかったためです。現在の検索結果は、探している情報に最も近い情報だと検索エンジンが予測したものが上から順番に並ぶようになっていますが、初めて検索エンジンが登場した頃は、検索結果がホームページのアルファベット順や五十音順に並んでいるというものでした。そのため、利用者がリストアップされた検索結果を一つずつ確認して、本当に探したいものを見つけるためには時間がかかりました。

それに比べると、人の目で分類されたものは使いやすかったのです。

日本でも一時は検索エンジンを手がけようとした企業があったのですが、人による検索サービスにはかなわなかったこともあり撤退してしまいました。

しかしその後、検索エンジンに画期的な技術進歩が起きました。米国グーグル社による新しいアルゴリズムの開発です。

それまで検索エンジンによる検索結果がアルファベット順や五十音順に表示されていた

理由は、どのような情報が重要であるのかを判断することができなかったからです。しかし、米国グーグル社の創業者であるペイジ氏は、有用な情報が載っているホームページは他のサイトからの参照が多いと考え、サイトのリンク構造を解析して各ページの重要度をランク付けした指標を算出し、その結果に基づいて検索結果を並べることにしたのです。ページランク技術と言われる技術で、The Anatomy of a Large-Scale Hypertextual Web Search Engineという論文が米国グーグル社のもう一人の創業者であるブリン氏との共著で発表されています。

この検索結果の並べ方は多くの人たちのニーズに合っていました。それまでよりもずっと欲しい情報を探しやすくなったからです。その結果、人手による検索サービスを、検索エンジンを使った検索サービスの利用が凌駕していくこととなります。今ではアルゴリズムもさらに改良が重ねられてより複雑になっています。

ヤフーは、2006年当時は米国ヤフー社の検索エンジンを使っていました。しかし、米国ヤフー社の検索エンジンが対象としていなかった日本の携帯電話に特化したページがウェブ上に存在していたため、検索サービスで提供できないページも次第に増え始めていました。

日本では世界に先駆けてドコモ社のｉ－ｍｏｄｅを代表とする携帯電話向けのインターネット接続サービスが普及していました。とても便利なサービスでしたのでｉ－ｍｏｄｅの普及に合わせて、他の携帯電話会社も同様のサービスの提供を始めました。そのサービスには二つの特徴があります。

一つ目は、インターネットへの接続は携帯電話会社の持つゲートウェイという回線の出口を通じていたということです。そのため、たとえば子どもに有害なサービスの利用を制御することなどは携帯電話会社が行うことができたというメリットがあります。

しかし、ゲートウェイという特別な出入り口が存在したため、検索エンジンが携帯電話専用ページのデータを探すことが難しい状況にありました。

二つ目は、携帯電話専用のホームページは携帯電話特有のコンピュータ言語を使っている部分があったということです。当時、最も普及していた米国の検索エンジンは日本特有の事情を考慮していませんでしたので、携帯電話特有の言語を解析できない部分がありました。

そのため携帯電話専用のページを検索するためには、専用の検索エンジンが必要でした。

そこで、独自の検索エンジンを作って米国ヤフー社の検索エンジンの結果を補完していくニーズが発生しました。また、画像検索など文字以外の検索が始まったことも、新たなアルゴリズムの開発が要請される要因となり、独自の検索エンジンを持つことの検討を後押しした状況にありました。

　またページランクを採用した米国グーグル社の検索エンジンを利用する人たちも増えてきていました。

　ヤフーも一時期は人手で作っていたディレクトリを補完するために米国グーグル社のエンジンを使っていて、日本で米国グーグル社の検索エンジンが普及することの一助にもなっていました。また、ヤフー以外の日本のインターネットポータルサービスを提供する会社の多くも米国グーグル社の検索エンジンを採用していました。

　多くの人々が米国グーグル社のサービスを使い出しているのを見て、日本でももう一度検索エンジンを作ろうと考える人たちも現れました。当時、経済産業省も「情報大航海プロジェクト」を進めており、その中の課題の一つが日本版グーグルだと言われるようになりました。

著作権法という課題

　しかし、そこで著作権法の問題に直面することになります。

検索エンジンの仕組み

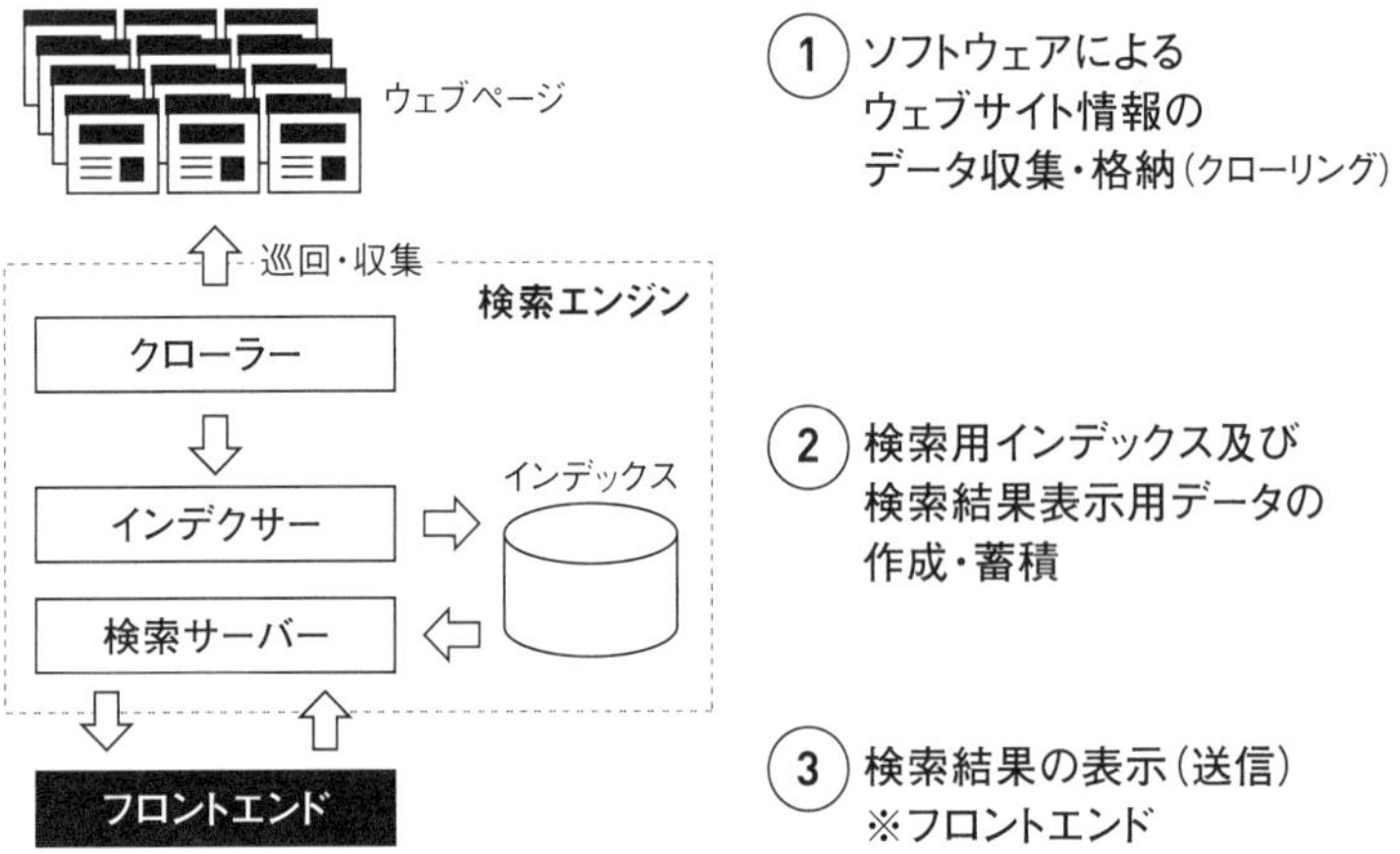

検索エンジンの仕組みは次のようになっています。

まず、クローラーと呼ばれるソフトウェアがインターネット上に存在しているウェブページを巡回してコピーを作るところから始まります。つまり複製を作ることが最初の作業になります。

また検索結果を表示する際にウェブページにリンクされた文字列の下にスニペットと呼ばれる説明文が表示されますが、これはウェブページの中の検索語を含んだ文章の抜粋、つまり複製になっています。このように検索エンジンを動かすためには「複製」を避けて通ることができません。

著作権法では複製をするには著作権者から

▶ 検索結果画面のスニペットとキャッシュ

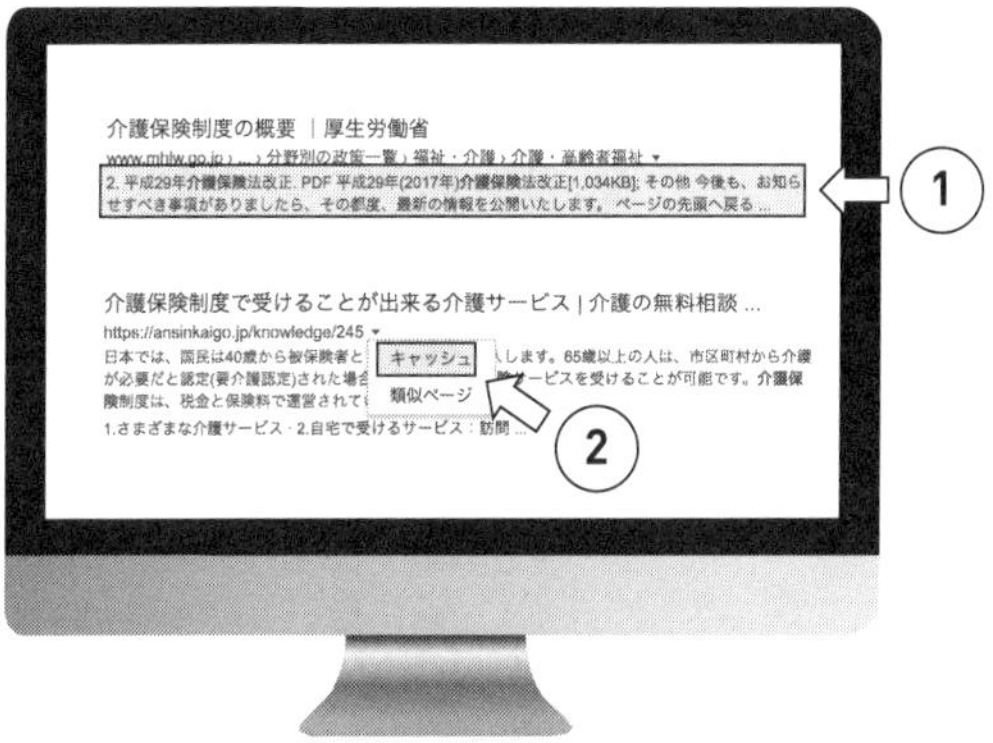

① **スニペット**
ウェブページの中から検索語を含んだ文章を抜粋したもの。

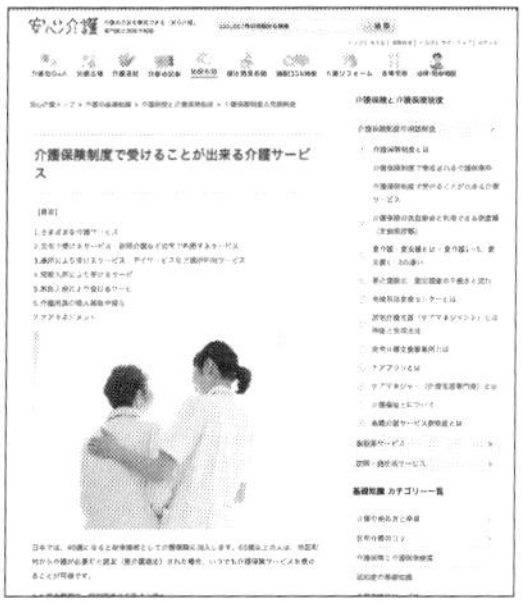

② **キャッシュ**
検索先のホームページを検索エンジンが複製しておいて一定の期間は閲覧できるようにしている。クリックすると見ることができる。

複製をすることが著作権法違反になってしまう

許諾を得なければならないことになっています。しかし、インターネット上を巡回するソフトウェアは著作権者に許諾を取って複製はしていないのです。

また、インターネット上にはさまざまなページがあり、その中にはそもそも著作権を侵害しているものも含まれています。つまり、もともと著作権者の許諾を得ていない違法なページもクローラーは複製をしてしまうのです。

そこで、何らかの対策が必要だったわけです。

検索サービスは有益なものであるし、誰も著作権を盾に文句など言わないはずだから、黙って実施しても構わないのではないかと考える人もいるかもしれませんが、それはいささか乱暴な議論です。世の中の技術進歩は早く、法律が追いついていないのだからというのは言い訳にはなりません。

著作権法では、無断で複製をしてよい範囲を細かく決めています。専門用語では権利制限規定と言いますが、私的複製、引用、報道のための利用、図書館での複製などが定められています。

例外規定の中には、たとえば「保守、修理等のための一時的複製」というような細かい規定も含んでいます。

携帯電話を修理する際に、電話内に保存されている写真のデータなどを一時的に複製して保管しておく作業を適法化するためにわざわざ立法がされました。このような詳細な例についての規定まで著作権法で定められているとすると、例外規定が定められていないものについては、無断で複製することは許されないと解釈されることになります。もちろん当時、検索エンジンについては例外規定が定められていませんでした。

検索サービスを提供するには著作権法改正が必要となる

著作権法改正を働きかける前にさまざまな専門家の意見を伺いましたが、規定を作らなくても解釈論だけで大丈夫と言う人は少数でした。

そこで、著作権法の改正が必要だということを折に触れて社外で話をするようにしました。まずは、多くの人に課題を知ってもらうためです。その中には、知的財産戦略本部の事務局の方も含まれていました。

コラム　米国の著作権法と検索エンジン

米国では日本と異なり検索エンジンサービスを提供するために著作権法を改正するということにはなりませんでした。米国の著作権法にはフェアユースという規定があり（米国著作権法107条)、この規定によってカバーされていると考えられているからです。フェアユースとは、著作権者の権利と自由な利用とのバランスを取るために、公正な利用であると判断できれば適法な利用と考えるというものです。

フェアユースに該当するかどうかは次のような要素を考慮して判断されています。

① 利用の目的及び性質
② 著作物の性質
③ 著作物全体との関連から見た利用された部分の量や実質性
④ 著作物の潜在的市場や価値に対する影響

実際に、米国で訴訟となったケースもありますが、画像検索に関する裁判例(Kelly v. Arriba やPerfect 10, Inc. v. Amazon.com, Inc.等)や書籍検索に関する裁判例(Google Booksについて)などでもフェアユースとして適法だと判断されています。

経済産業省のグーグルに対抗するプロジェクトにより転機が訪れる

最初に知的財産戦略本部に話をしたのには理由があります。

多くの法律は省庁の審議会や委員会の報告書から制定や改正の話が始まります。しかし、著作権法をはじめとする知的財産権法は違ったプロセスを持っています。それは「知的財産戦略本部」というものが存在しているためです。

知的財産戦略本部は首相が本部長を務める委員会で、そこでの政策決定が重視されています。その知的財産戦略本部では毎年取り組むべきことを決め「知財推進計画」を作成します。そこには実現すべき政策と担当すべき省庁の名前が書かれており、指示された省庁は具体的に検討を進めなければならない、というのがプロセスになります。

そのため、まずは知財推進計画に検索エンジンについて触れてもらうことが必要でした。しかし、なかなか進展しない時期が続きました。

そこに、転機が訪れます。前述の通り、「経済産業省の主導で、IT企業、放送局、銀行、大学など産学官が連合し『グーグルに対抗』する」（2006年7月11日朝日新聞東京夕刊）という「情報大航海プロジェクト・コンソーシアム」が始まったことです。その目標として「著作権法等の制度のあり方検討と環境整備」が明示的に掲げられていました。経済産業省という省庁のプロジェクト目標となった影響は大きいものでした。

この転換点を生かそうと、2006年の夏に私たちも経済産業省に著作権法改正の必要性を説明しましたし、文化庁にも積極的に著作権法改正の要望を持っていきました。

さらに同じように著作権法改正が必要だと考える事業者と一緒に、9月には「検索と著

作権」検討協議会を結成しました。マイクロソフト社とＮＴＴレゾナント社に加えて、経済産業省もオブザーバーとして出席してくれました。

協議会は翌年の3月30日まで5回ほど開催し、考えられる論点の整理や条文イメージまでをまとめることができました。

また、協議会での議論をもとにして著作権法改正の要望書を作成し、2月20日付でヤフーから文化庁に提出しています。

これらを背景に経済産業省から文化庁への働きかけも継続され、知財推進計画２００７には次のような文章が載りました。

「ネット検索サービス等に係る課題を解決する

情報化時代におけるネット検索サービスが、国民生活の利便性の向上のみならず、産業政策や文化政策上重要であることにかんがみ、ネット上での検索サービス等に伴うサーバーへの複製・編集等や検索結果の表示に関する著作権法上の課題を明確にし、所要の法整備の検討を行い、２００７年度中に結論を得る」（傍線は著者）

これで、ようやく法整備が必要かどうかについての検討が政府で行われることになりました。政府で著作権法を担当するのは文部科学省下の文化庁になります。

初回の「検索と著作権」検討協議会にヤフーが提出した資料

2007年2月20日

文化庁長官官房審議官
吉田　大輔　様

ヤフー株式会社
代表取締役　井上　雅博

著作権法改正要望について

拝啓　時下ますますご清栄のこととお喜び申し上げます。
さて、添付の通り、著作権法改正要望書を提出させていただきます。ご査収の上、ご検討いただけますと幸いです。よろしくお願い申し上げます。

敬具

著作権法改正に関する要望事項

要望事項	検索サービス提供に係る著作権制限規定の創設
要望の趣旨	検索サービスの提供のために必要となる複製、翻案、公衆送信等の行為については、著作権者の許諾を得ることなく、可能とするよう要望いたします。
改正条項	新たな条項(第２章第３節第５款中)の創設
改正内容	検索サービスの提供を目的として行われる、著作物の利用行為（テキスト、画像、動画、音声等の複製、翻案、公衆送信等）について、権利を制限する規定の新設。
	(1)問題の所在 現在、インターネット上に存在するウェブページは150億を超えるといわれ、またいわゆるＣＧＭ（Consumer Generated Contents）に代表されるとおり、一般のインターネット利用者による情報供給が増大しています[1]。自らコンテンツ等の著作物を創作し、インターネット上で公表する者は、それが閲覧され、利用されることをその目的としていますが、インターネット上にコンテンツを置くこと自体により、その目的が達成されるわけではありません。ドメイン名やＵＲＬはページやコ

文化庁での検討

著作権法の改正を検討するためには、まず文化庁の文化審議会の著作権分科会を通さなければなりません。具体的な案は著作権分科会の下にある法制問題小委員会で議論されますが、検索エンジンのために改正が必要かどうかの検討は、さらに小委員会の下にデジタル対応ワーキングチームが作られ、そこで行われました。

検索エンジンについて検討を行ったデジタル対応ワーキングチームの構成員は次の通りです。

文化審議会著作権分科会法制問題小委員会デジタル対応ワーキングチーム（肩書きは当時）

座長　茶園　成樹　大阪大学大学院高等司法研究科教授
座長代理　末吉　亙　弁護士
奥邨　弘司　神奈川大学経営学部准教授
島並　良　神戸大学大学院法学研究科准教授
相澤　彰子　国立情報学研究所教授
瀬尾　太一　写真家、有限責任中間法人日本写真著作権協会常務理事

別所　直哉　ヤフー株式会社法務部長

ヤフーは検索サービスを提供している事業者としてワーキングチームのメンバーに選ばれ、検討に参加する機会を得ることができました。

文化審議会著作権分科会

著作権について議論がなされる文化審議会著作権分科会の委員構成は次の通りです。著作権者の代表の方々が14名、法律学者・法律家の方々が12名、利用者代表の方々が3名となっています（平成29年6月16日現在）。そのため著作権者の方々が反対するような案が分科会を通過することはありません。

日本でも米国のようなフェアユース制度を導入してはどうかという議論は、長い間行われていますが、権利者の方々の反対も強く、実現できていません。一方で、著作権者の方々の主張だけが通っていくというようなことにもなってはいません。検索エンジンの課題だけではなく他にも著作権者の権利を制限するような改正が成立していることからも、権利者、法律家、利用者といった多くの委員の賛成が得られることが必要だということです。

つまり、著作権法を変えるためには、著作権分科会の多くの関係者や有識者に理解を示してもらえるような案を出すことができなければならないのです。

ワーキングチームでの議論は4月から11月まで7ヶ月間にわたって行われました。その中で、著作権者の代表の方がどのように考えるのかが重要な鍵を握っていました。もし著作権者の代表の方が検索エンジンに否定的な意見を持っていたとしたら、検討を進めることができなかったかもしれません。

しかし、幸いなことに、代表として参加された方は、検索エンジンの果たす役割やインターネットというネットワークのもたらす利便性が著作権者にとってもメリットが大きいと考えている方でした。

それでも、議論には半年以上の時間がかかりました。検索エンジンについて例外規定が本当に必要なのか、例外規定を作るとしても、その範囲はどうするのか、検索エンジンに検索されたくない権利者はどうすればよいのか、スニペットやキャッシュはどう考えればいいのかなどが課題でした。

7ヶ月に及んだ議論の概要は128ページの議事概要を見ていただければと思います。

会議の時間だけでは説明や意見調整には不十分

審議会、委員会と同様にワーキングチームでの議論を進めていこうとすれば、自分たちで足を運ばなければなりません。限られた会議の時間だけでは委員の方々の理解を得たり、意見調整をしたりするには不十分だからです。

そのため権利者代表の方とはワーキングチームでの検討会議以外の場所で、どのように進めていくのがよいのか何度も相談させていただきました。また、委員となっていた大学の先生方も訪問して意見交換をさせていただきました。もちろん事務局の方々との調整も不可欠です。

限られた議論の時間を有益にするための努力なくして委員会がうまく運ぶはずはありません。この努力は、ともすると自分たちの意見を通すための根回しだと思われてしまうかもしれません。

しかし、**一つの企業や一つの産業のためだけに法律という制度を変えることに賛成する人などいないのです。皆さん、国全体の利益にかなうのかどうかを考えています。**権利者の代表の方ももちろん同じです。権利者の利益だけを代表しているわけではないのです。

そこで必要なことは、事実をきちんと説明することと、その事実に基づいてどのように考えればよいのかを論理的に整理することです。私たちが行った意見交換も、これらの点に終始していました。

現状についての整理が進むにつれて、一番難しかったことは少し先を見通すということ

デジタル対応ワーキングチームの議事概要

回数	開催日	議事概要
第1回	2007年4月13日	・デジタル対応ワーキングチームの設置、チーム員、協力者の紹介に引き続き、19年度に検討すべき課題について整理した。 ・経済産業省、山名早稲田大学教授より「情報大航海プロジェクト」について報告、著作権法に係る課題について質疑応答が行われた。 ・「検索エンジンに係る法制度上の課題」についての今後の議論の日程が決められた。
第2回	2007年6月7日	・瀬尾委員、別所委員よりそれぞれ権利者、事業者から見た検索エンジンに係る課題の報告があった。 ・奥邨委員より検索エンジンに関する米国の判例について紹介があった。 ・各委員からの発表に関する質疑応答と、「検索エンジンに係る法制度上の課題」について議論を行った。
第3回	2007年7月6日	・相澤委員より研究者の立場から見た検索エンジンに係る課題の報告があった。 ・末吉委員より論点整理の報告があった。 ・各委員からの発表に関する質疑応答と、「検索エンジンに係る法制度上の課題」について議論を行った。
第4回	2007年7月20日	・島並委員より、検索エンジンに関するドイツの判例についての紹介と日本法への示唆について報告があった。 ・発表に対する質疑応答と、「検索エンジンに係る法制度上の課題」について議論を行った。
第5回	2007年8月3日	・「検索エンジンに係る法制度上の課題」について、これまでの議論を元に論点整理と今後の検討の方向性について議論を行った。
第6回	2007年8月17日	・「検索エンジンに係る法制度上の課題」に係る中間報告（案）について議論を行った。
第7回	2007年9月5日	・「検索エンジンに係る法制度上の課題」に係る中間報告（案）について議論を行った。
第8回	2007年11月19日	・「検索エンジンに係る法制度上の課題」に係る残された課題について議論を行った。

（デジタル対応ワーキングチーム議事要旨より）

でした。その時点で使われている検索エンジンだけを考えて法律を作ってしまうと、技術が進んだ途端に使い物にならなくなるかもしれないからです。とは言っても、技術進歩の激しい世界で先を見通すことは簡単ではありませんでした。

それでも意見交換を通じて先が見えてきたように感じていました。

法制問題小委員会の中間報告

ワーキングチームでの議論は2007年10月4日に法制問題小委員会に報告され、中間報告となりました。少し長くなりますが、結論部分は下記の通りです。

「検索エンジンは、デジタル・ネットワーク社会における情報流通の利便性を向上させ、ネットワーク上における知的創造サイクルを活性化させる原動力として期待される。

したがって、検索エンジンにおける著作物の利用行為が、著作権法上の課題を惹起している現状を踏まえれば、著作者の権利との調和について衡量し、総体として文化の一層の発展に寄与するものとなるよう、法制度のあり方を検討する意義は大きい。

かかる検討に当たっては、まずは、法目的に照らしつつ、現実的妥当性が確保されるものとなるよう、現行制度における解釈による対応の可能性が模索されるべきである。しかしながら、（中略）現行の著作権法下では、どのような解釈論にたつとしても、検索エンジンサービスの一連の行為に関する法的リスクを必ずしも払拭することはできない。以上を踏まえれば、著作者の権利との調和と安定的な制度運用に慎重に配慮しつつ、権利制限を講ずることが適切であると結論づけられる」

ようやく立法に向けて進むことになりました。

そして「知財推進計画2008」には次のように記述されました。「**ネット検索サービス等に係る法的課題を解決する**　次世代をリードする情報の検索・解析・信憑性検証技術の開発・国際標準化による先進的な事業の出現を促進するとともに、ネット検索サービスが円滑に展開されるよう2008年度中に法的措置を講ずる（総務省、文部科学省、経済産業省）」（傍線は著者）

「法的措置を講ずる」は「著作権法改正」を意味します。

これを受けて2009年1月26日に開催された文化審議会著作権分科会では、報告書に検索エンジンについて「本報告書で論じられた方向を前提として、権利制限をすることが適切であると結論づけられる」と記載され文化審議会総会に送られ報告されました。

そして、2009年3月10日に閣議決定がなされ、衆議院で5月12日に可決、参議院で6月12日に可決され改正法が成立しました。

衆議院の文部科学委員会、参議院の文教科学委員会でそれぞれ審議されましたが、審議日はともに1日だけで検索エンジンに関する部分については疑義が述べられることもなく、通過しました。

第1章でお話ししたネットオークションのときとは異なり、国会の委員会で解釈などを詰めてもらっておかなければならない部分はなく、この件についての議員への働きかけは特にしませんでした。

閣法であり、与党の事前審査も文化庁が対応して済ませることができていた結果です。

会議で適切に議論されるための工夫が必要

会議体の重要性

ここで見ていただいたように、**一つの法律が変わっていくためには数多くの会議体を通過していく必要があります。そのためには、会議で取り上げてもらうことができるようにするための工夫、会議の中で適切に議論されるための工夫、最後の結論となる文書の書き振りがどうなっていくのかを調整する工夫などを積み重ねていかなければなりません。**

会議に参加する有識者の方々との協議、事務局との調整、省庁の方針との調整などは一人で全部できるような量ではありませんから、どのように取り組むのかを考え、チームを組んで進めていくことが大切です。

著作権法改正が日本版グーグル誕生につながらなかった理由

改正著作権法は2010年1月に施行されました。条文は長いので引用しませんが、概要は次ページの表の通りです。

著作権法の改正が必要だという話をし始めてから改正が実現するまでに数年を要しました。

さて、著作権法は改正されましたが、結果として今現在に至るまで、いわゆる日本版グーグルというようなサービスは登場していません。その理由を考えてみようと思います。

まず、法改正に時間がかかりすぎて、その間にマーケットがほぼ確定してしまったからだという見方があります。しかし、日本の企業が本気で検索エンジンを作りたかったのであれば、著作権法上の問題がない国から日本向けに自前で検索サービスを展開するという方法もあったと思います。

また、大量のデータを集めて蓄積して処理をするためには大規模なデータセンターが必

◆改正概要

■著作権法第47条の6（権利制限規定の増設）

インターネット情報検索サービスにおける複製等

検索サービス提供を目的とするサービス提供者の以下の行為には、著作権は及ばない
①ネット上の著作物を記録する行為
②検索結果をURLとともに表示する行為
ただし、記録した著作物が違法複製物であると知った場合は、サービス提供者は検索結果表示を行なってはならない
（2010年1月1日施行）

要になりますが、運用コストの大半を占める電気代が日本の数分の一で済む米国に建設するほうが、メリットがあります。さらに、参入方法も全部自前で作らなくても、買収などの方法もあります。

このように参入の選択肢や方法論が数多くあったにもかかわらず、結局のところ、規模の大きな検索エンジンが日本に生まれなかったのは、日本の企業が検索エンジンにビジネスメリットを感じなかった結果ではないかと思います。

検索エンジン会社のビジネスモデルは、当初、1回の検索当たりいくら支払ってもらうというものでした。そのため、収益の伸びが大きく期待できるようなものではありませんでした。

そのビジネスモデルを前提にすれば、少なくとも、世界中からウェブページのデータを収集して処理をするコストを考えた場合には、あまり魅力的なものには見えなかったと言えます。特に、グローバルにデータを集めて日本国内向けだけにサービスを提供するとすれば採算が取れる可能性はさらに低いでしょう。

収益構造が激変したのは、収益源が検索連動型広告に変わったことによってです。広告主が購入したい（広告を出したい）検索ワードをオークション方式でビッドして買うというモデルでオーバーチュア社という会社が始めたものです。

検索連動型広告について簡単に説明しておきましょう。

検索エンジンに検索ワードを入力すると、その検索ワードに関連した広告が検索結果の上部や下部に表示されます（136ページ参照）。どの語句で表示されるかは、広告主の方があらかじめ選んでいます。そして、広告料金は1クリックされるといくら（クリック単価）という形で計算されます。

広告主の方はどの語句で広告を出したいかということに加えて、クリック単価を決めます。広告が表示される順番は、初めはそのクリック単価によって決まっていました。

そのため、他の広告主の方が同じ語句を買っている場合には、自分の広告をより上位に出したければ、より高いクリック単価にしなければならないことになります。オークション方式でビッドする仕組みというのは、この仕組みのことです。

なお、現在はより利用者に適した広告が表示されるように、クリック単価だけではなく、表示される広告の内容を解析した結果なども一緒に考慮されていますので、単純にクリック単価だけ高くすればよいというものではなくなっています。

検索連動型広告のビジネスモデルを米国グーグル社も導入し、急速に売上と利益を伸ばしました。その過程で技術投資も重ねて検索アルゴリズムや広告掲載システムも急速に進歩しました。

このような競争状況の変化を日本の企業は読み切れずに、追いつけなかったということです。つまり、グーグルのような検索エンジンが登場しなかった理由は、ビジネスモデルと技術進歩の見通しができなかった結果ではなかったかと思います。

法改正がもたらしたもの

では、著作権法の改正は無駄だったのでしょうか。

著作権法改正前は、検索エンジンは違法かどうかわからなかっただけで明確に違法であるとされていたわけではないという意見もあります。米国ではフェアユースという制度がありますが、何がフェアユースに該当するのかは明確ではありません。

そうすると、明確に違法であるとされていないという意味では改正前の日本の状況と同じなので、制度差があるということにはならないのではないかという趣旨の意見です。著作権法がビジネスに影響を与えていたというのは一種の錯覚で、気持ちの持ちようが違う

検索連動型広告の表示例

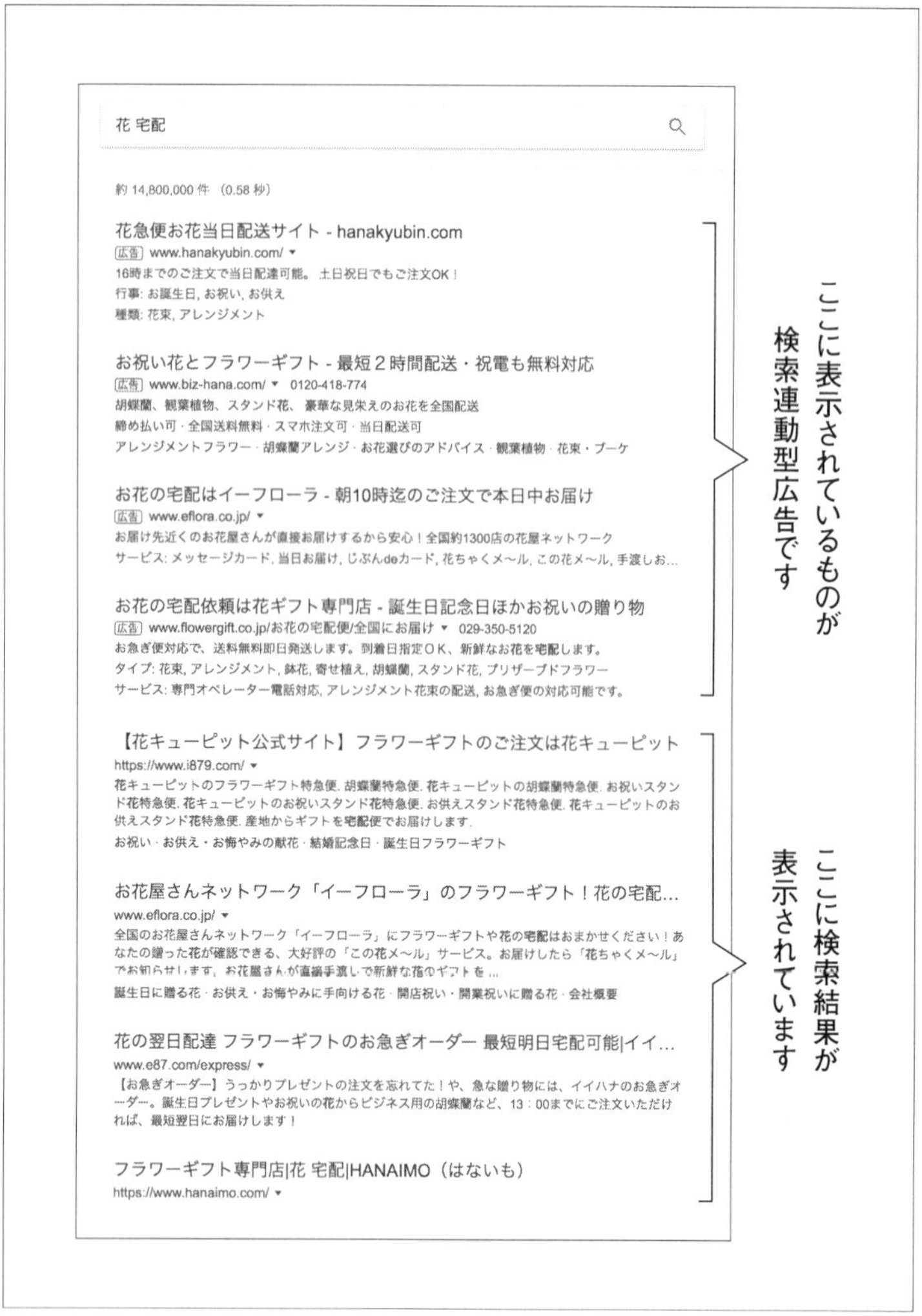

花 宅配
約 14,800,000 件 （0.58 秒）
花急便お花当日配送サイト - hanakyubin.com
広告 www.hanakyubin.com/
16時までのご注文で当日配達可能。土日祝日でもご注文OK！
行事: お誕生日, お祝い, お供え
種類: 花束, アレンジメント
お祝い花とフラワーギフト - 最短２時間配送・祝電も無料対応
広告 www.biz-hana.com/ 0120-418-774
胡蝶蘭、観葉植物、スタンド花、豪華な見栄えのお花を全国配送
締め払い可 · 全国送料無料 · スマホ注文可 · 当日配送可
アレンジメントフラワー · 胡蝶蘭アレンジ · お花選びのアドバイス · 観葉植物 · 花束・ブーケ
お花の宅配はイーフローラ - 朝10時迄のご注文で本日中お届け
広告 www.eflora.co.jp/
お届け先近くのお花屋さんが直接お届けするから安心！全国約1300店の花屋ネットワーク
サービス: メッセージカード, 当日お届け, じぶんdeカード, 花ちゃくメ〜ル, この花メ〜ル, 手渡しお...
お花の宅配依頼は花ギフト専門店 - 誕生日記念日ほかお祝いの贈り物
広告 www.flowergift.co.jp/お花の宅配便/全国にお届け 029-350-5120
お急ぎ便対応で、送料無料即日発送します。到着日指定ＯＫ、新鮮なお花を宅配します。
タイプ: 花束, アレンジメント, 鉢花, 寄せ植え, 胡蝶蘭, スタンド花, プリザーブドフラワー
サービス: 専門オペレーター電話対応, アレンジメント花束の配送, お急ぎ便の対応可能です。
【花キューピット公式サイト】フラワーギフトのご注文は花キューピット
https://www.i879.com/
花キューピットのフラワーギフト特急便. 胡蝶蘭特急便. 花キューピットの胡蝶蘭特急便. お祝いスタンド花特急便. 花キューピットのお祝いスタンド花特急便. お供えスタンド花特急便. 花キューピットのお供えスタンド花特急便. 産地からギフトを宅配便でお届けします.
お祝い · お供え・お悔やみの献花 · 結婚記念日 · 誕生日フラワーギフト
お花屋さんネットワーク「イーフローラ」のフラワーギフト！花の宅配...
www.eflora.co.jp/
全国のお花屋さんネットワーク「イーフローラ」にフラワーギフトや花の宅配はおまかせください！あなたの贈った花が確認できる、大好評の「この花メ〜ル」サービス。お届けしたら「花ちゃくメ〜ル」でお知らせします。お花屋さんが直接手渡しで新鮮な花のギフトを ...
誕生日に贈る花 · お供え・お悔やみに手向ける花 · 開店祝い · 開業祝いに贈る花 · 会社概要
花の翌日配達 フラワーギフトのお急ぎオーダー 最短明日宅配可能|イイ...
www.e87.com/express/
【お急ぎオーダー】うっかりプレゼントの注文を忘れてた！や、急な贈り物には、イイハナのお急ぎオーダー。誕生日プレゼントやお祝いの花からビジネス用の胡蝶蘭など、13：00までにご注文いただければ、最短翌日にお届けします！
フラワーギフト専門店|花 宅配|HANAIMO（はないも）
https://www.hanaimo.com/
ここに表示されているものが検索連動型広告です
ここに検索結果が表示されています

だけではないかという見方です。本当にそうだとすれば、著作権法は改正しなくてもよかったのではということになります。

しかし日本の著作権法で問題がないと主張するための根拠を詰めていくと、フェアユースのように積極的に支えになるものがないことがわかります。

文化庁の文化審議会著作権分科会法制問題小委員会デジタル対応ワーキングチームでさまざまな角度から検討しましたが、「引用」という規定だけで著作物の利用行為が網羅的に許容されるとは言えず、著作者の黙示の承諾が推定されるという考え方は著作権法に触れている違法ウェブサイトについては説明できず、権利濫用として著作権者の権利行使を止めることができる保証はないため、法改正という選択枝しかないという結論でした。

安定的に検索エンジンサービスを提供するための素地作りとして、改正は必要だったと考えています。

そして、グーグルのような規模の大きな検索エンジンは日本には存在していませんが、スケールの小さい検索エンジンや領域を限定した検索エンジンは存在していて、改正法は生かされています。たとえば、日本のコンベンショナルな携帯電話（「ガラケー」と言われているものです）向けの専用サイト用のホームページに特化した検索エンジンなどです。

改正の先にあるもの

技術は日々進歩しています。そして、新しいニーズも次々と生まれてきます。フェアユースのような規定を持たず、個別に例外を追加していくという日本の著作権法の構造を考えると、絶えず改正を考えていかなければなりません。

検索エンジンを実現するための法改正が行われましたが、残された課題の一つは、検索の対象がネット上の著作物に限定されていることです。検索エンジンが情報を探すための手段として便利であり社会的なインフラとなっている現実に照らすと、その対象をネット上の著作物に限る必要はないと考えています。

ネット上には存在していない情報もデジタル化をして検索することができるようになれば、もっと便利になるのではないでしょうか。書籍はその一例にすぎません。書籍検索は、米国グーグル社がすでに検索エンジンのための著作権法改正に日本が取り組んでいた当時から始めています。

日本でも検索エンジンに関する著作権法47条の6を手がかりに、さらに将来に向けての改正が進むことを願っています。

第３章で説明した法律改正までの道筋

1
さまざまな専門家の意見を聞き、著作権法改正が必要かどうかを確認した。

2
多くの人に課題を知ってもらうため、著作権法改正が必要だということを社外で話すようにした。その中には知的財産戦略本部の事務局の方も含まれていた。多くの法律は省庁の審議会や委員会の報告書から制定や改正の話が始まるが、著作権法はじめ知的財産法は「知的財産戦略本部」が決めた知財推進計画から始まることが多い。

3
その後、転機として経済産業省のグーグルに対抗するプロジェクトが始まったので、経済産業省に改正の必要性を説明し、文化庁にも改正の要望を持っていった。

4
同じように著作権法改正が必要だと考える事業者と一緒に「検索と著作権」検討協議会を結成し、論点の整理と条文イメージのまとめを行った。また協議会での議論をもとにして著作権法改正の要望書を作成、ヤフーから文化庁に提出した。

5
これらを背景に経産省から文化庁への働きかけも継続され、「知財推進計画２００７」にネット検索サービスに関する法整備の検討が記載された。

6
文化庁の文化審議会著作権分科会法制問題小委員会の下にデジタル対応ワーキングチームが作られ、改正の検討が行われた。

7
ワーキングチームの限られた会議時間だけでは委員の理解を得たり意見調整をしたりするのに不十分なので、会議以外にも各委員を訪問して説明や意見交換を行った。

8
ワーキングチームでの７ヶ月間にわたる議論の結果を法制問題小委員会に中間報告。そこで法律改正が必要であると結論されている。そして「知財推進計画２００８」に「２００８年度中に法的措置を講ずる」と記載された。

9
8を受け、文化審議会著作権分科会でも、検索エンジンについて、法律改正で著作権者の権利制限をすることが適切であると記載された報告書が作られ、文化審議会総会に報告された。

10 閣議決定がなされ、衆議院、参議院での可決を経て改正法が成立した。

検討と報告の流れは左のようになっています。

文化庁　文化審議会

↑

著作権分科会

↑

法制問題小委員会

↑

ワーキングチーム

第 4 章

インターネットで情報を伝えると選挙違反になってしまう

長い時間を必要とする
場合の動き方を知る

公職選挙法改正に取り組む

ルールを変更していくためには長い時間を必要とする場合があります。そして、その長い時間の中で、その時々に応じた役割を果たしていくことが大切です。

この章では、公職選挙法の改正に向けて、当初は世の中の人々の関心を高め議員の方々に必要性を理解いただく必要性が高かったために署名活動を行い、改正に向けての動きが具体的に始まってからは世論に訴えるというような表に立った活動ではなく事業者間で協力して議員の方々の懸念を払拭するための活動に注力したことが効果的であったという例をお話しします。

皆さんは投票に行っていますか？　民主主義の下で、私たちの代表者を選ぶための仕組みが選挙です。選挙によって選ばれた代表者たちが国会で政策を決定し、必要な法律を作っています。地方自治体の場合には、選挙を通して行政の庁である首長（都道府県知事や市区町村長）を選び、首長の政策をチェックするための地方自治体の議員を選んでいます。

その選挙で立候補者の中から適切な人を選ぶための情報は十分に得られていますか？　立候補者の政策について自由に意見交換をしたりして、自分自身の政治的な意見を考えたり、決めたりしていますか？

選挙のためにインターネットはどんな役割を果たせるか

インターネットは誰でもアクセスすることができる開かれたネットワークとして登場しました。そしてインターネットがもたらす価値は、自由な情報の流通にあると言われています。ホームページ、ブログ、動画投稿サービスのようなユーザー・ジェネレーティッド・コンテンツのためのサービス、ＳＮＳなどが登場し、それまでよりも自由に自分の意見を公に表明したり、伝えたりすることができるようになりました。

それらの意見は事前に誰かにチェックされることはありません。新聞やテレビなどの報道機関に頼らずに意見を発信することができます。また場所や時間を問わずに情報にアクセスすることもできます。

まさに民主主義を支えるツールとしてインターネットが果たすことができる役割は重要だと言えます。

しかし、そのツールを選挙に使えるようになるのは２０１３年7月に行われた参議院議員選挙まで待たなければなりませんでした。公職選挙法という法律が立ちはだかっていたためです。

公職選挙法からインターネットを考えるとどうなるか

選挙のための活動、つまり「選挙運動」を規律している法律が公職選挙法です。公職選挙法第1条には目的として「日本国憲法の精神に則り…選挙が選挙人の自由に表明せる意思によつて公明且つ適正に行われることを確保し、もつて民主政治の健全な発達を期すること」と書かれています。

そして選挙の公正、候補者間の平等を確保するため、選挙運動について一定の規制を行っています。

選挙運動期間の制限や選挙事務所の数の制限などに加えて、ビラやポスターの配布枚数の制限、個別訪問の禁止、署名運動や人気投票の禁止、連呼行為の制限などの選挙運動の方法についても制約を課しています。

では、インターネット上の表示はどう考えられていたのでしょうか。

1996年10月2日付で、新党さきがけが自治省選挙部長（ともに当時）宛てに、「インターネット上のホームページの開設と公職選挙法との関係について」回答願を出しています。それに対する自治省行政局選挙部選挙課からの10月28日付の回答の趣旨は「パソコンのディスプレーに表示された文字等は、公職選挙法の文書図画に当たる。また、不特定又は多数の方の利用を期待してインターネットのホームページを開設することは頒布に当たる」というものでした。

つまり、インターネット上のサービスの利用は「文書図画の頒布」に該当するため制約を受けるということだったのです。

知らないうちに公職選挙法に違反してしまう危険が増えた

公職選挙法の解釈は変わりませんでしたが、その間にインターネットが急速に普及し、多くの人々がインターネット上で情報を得たり、情報を発信したりするようになっていきます。議員の方々も例外ではありませんでした。

選挙運動にインターネットを使うことは禁止されていましたが、政治活動の手段としてインターネットを使うことは禁止されていないからです。自分のホームページを開設する議員も増えました。ブログを開設したり、ツイッターでつぶやいたり、フェイスブックページを作ったりとさまざまな使い方が普及していきました。

双方向でやりとりができ、フォロワーを増やすことができるツイッターを意見発信の手段として上手に使う議員も登場するようになります。

選挙期間が始まるとインターネットが使えなくなる

ところが、いったん選挙期間が始まると一斉にホームページなどの更新が止まり、ツイッターのつぶやきも止まってしまっていました。候補者としての情報を最も発信したい時期にインターネットというツールが使えなかったのです。

投票する側にとっても、インターネットでは候補者に関する最新情報が得られず、ビラを手に入れるか、演説を聞きに行くといったリアルの情報源に頼らざるを得ないままでした。

また、当選お礼を文書で配布することは公職選挙法で禁止されているものの一つですが、当選者がうっかりホームページに当選のお礼を書き込んでしまったりするケースも現れてきていました。候補者の方々は公職選挙法を充分に勉強しているはずですが、そういう方々でさえ、誤ってしまうことが起きるということです。

2005年8月には、民主党が党のホームページに衆議院議員選挙公示を受けた党代表の第一声などを掲載したところ、総務省選挙部から「選挙期間中に遊説内容をホームページに載せることは公職選挙法に抵触する恐れがある」と指摘されて記事を削除するというようなことも起きていました。

私たちが最も気がかりだったのは、投票をする多くの人たちです。どのような行為が選挙運動に該当するのか、きちんと知っていて気をつけることができる人はどのくらいいるのでしょうか。

ツイッターなど手軽に発信ができるツールに、うっかり誰かに投票を呼びかけるような趣旨の書き込みをしてしまったらどうなるのでしょうか。有名な候補者が選挙演説をしているところを見かけて、友達にシェアしようと考え動画で撮影してアップロードしたらどうなるのでしょうか。

インターネットの普及によって、知らないうちに公職選挙法に違反する人たちを量産してしまうことになってしまったら最悪です。そんな事態を避けるためにも公職選挙法の改正が必要だと考えました。

議員にインターネットへの理解を深めてもらいたい

公職選挙法の改正を考えた、もう一つの理由があります。それは、インターネット企業として**議員にインターネットを理解していただきたいということでした。**

インターネットの普及につれて、他人の名誉を毀損する書き込み、他人の著作物の無断コピー、インターネットオークションを悪用した詐欺、児童ポルノなどの違法な画像の拡散、SNSを利用したいじめ、など多くの問題が発生してきました。そのため、インターネットについて規律する法律が必要なのではないかと言われ始めていました。

議員にとって最も大切な選挙運動に関わる公職選挙法改正を通してインターネットを理解してもらう

その結果、たとえば古物営業法が改正されたり、プロバイダ責任制限法が制定されたりしてきていました。それらの議論の過程で抱いた疑問が、法律を審議する議員はインターネットについて十分に理解をしているのだろうか、というものです。

インターネット上のサービスにも、もちろん適正な規律は必要です。場合によってはルールを作ったり、変えたりして規律を保たなければなりません。しかし、そのためにはインターネットというネットワークや、その上で機能しているサービスについて、一定の理解が必要です。そうでなければ、できないことを書いたルールになってしまったり、効果がないルールになってしまったりする可能性があるからです。

議員にインターネットについて理解いただく、最もよい方法は何なのか。その結論が、議員にとって最も大切な選挙運動について定めている公職選挙法を改正することを検討することでインターネットを身近なものとして捉えるようになっていただく、というものでした。

有権者にどうすれば意見を伝えることができるのか、投票してもらえる人をどうすれば増やせるのか、そのためにインターネットはどう活用できるのか、また、どういう使われ方をされると問題なのか、といったことを考えてもらうことが大切だったのです。そして、改正がなされて選挙運動に使うことができるようになれば、インターネット上のサービスのよさを一層理解いただけるということを期待していました。

それを通じて、**インターネットについての規律を検討する際の基本的な理解が進み、できないことが書かれたり、効果がないことが書かれたりすることを防ぐことができる**だろうと考えていました。

これが、私たちインターネット企業が公職選挙法という法律に取り組んだ大切な理由のうちの一つです。

議員からの最初のヒアリングで学んだこと

公職選挙法改正への取り組みは、自民党のヒアリングに呼ばれたことから始まります。そこで、二つのことを学びました。

一つ目は、議員の方が最も気にしていることが、「怪文書」の配布だったことです。議員から受けた多くの質問が、もしインターネットが悪用されて怪文書が広まってしまったらどうなるのかということに集中していた記憶があります。

たとえば候補者と一緒に写真に写っている人の顔を差し替えてスキャンダルを捏造され、インターネットを通じてばら撒かれてしまったらどうすればよいのか。万一、そのことで落選してしまったら誰が責任をとってくれるのか。ということを懸念する声が多数を占めていました。

議員という身分は当選して初めて得ることができるものです。それを考えると、怪文書のようなものが撒かれて大切な選挙に影響を受けるようなことは是が非でも避けたいということはよく理解できます。

インターネットは便利なツールですが、それを悪用する人がいることは否定できません。どのようなサービスでも、特に簡単で便利なサービスであればあるほど悪用することを企む人たちが出てきます。実際にインターネット上には、他人の信用を毀損したり、プライバシーを毀損したりするような情報も存在しています。

すべてのものが事前に内容をチェックしてアップロードされるわけではありませんから、できる対策は事後的に速やかに削除をするということです。しかし、それでは議員の方の心配を和らげることはできませんでした。

インターネットで情報を発信する過程ではアクセスログが残るため、誰が発信したのかを突き止めることはリアルの怪文書よりも簡単であり、悪用しようとする人も躊躇することが多いのではないかということも伝えましたが、それは安心材料にはなりませんでした。

また、公職選挙法を変えずに選挙運動へのインターネット利用を禁止したままにしたとしても、すでにインターネットを通じて怪文書を撒くことができる状態にあることには変わりがないとも伝えましたが、それも安心材料にはなりませんでした。

議員が最も懸念しているのは怪文書の配布だった

ヒアリングを通じて怪文書というものがいかに議員の方々の懸念材料であるのかという点はよく理解できました。

二つ目は、年配の議員の方がＹａｈｏｏ！ＪＡＰＡＮと2ちゃんねるは同じものだと思っていたということです。インターネットが登場してから何年も経過していて、数多くのサービスが登場している時代でしたので、さすがにショックでした。しかし、いかに議員の方々がインターネットを使っていないかということがわかりました。こういう状況では、議員の方のインターネットに対する評価が低くても致し方ありません。

これらの二つのことから、ますます公職選挙法改正に取り組む必要があるという気持ちを強くしました。

ネットで署名活動を行う

自民党の中で公職選挙法改正の働きかけを行っていた議員の方々の努力が実らないまま、政権が民主党に移ることになります。当時、民主党は自民党よりもインターネット利用に前向きでした。

私たちは公職選挙法改正に向けて準備をしている議員の方々と意見交換をし、後押しをするための活動を考えていました。

インターネットを利用することへの理解を得るための議員勉強会が2009年12月に参議院議員会館で開かれましたので、そこに参加してどのように使うことができるのかということを話しています。勉強会には議員や議員秘書の方々約130人に参加いただきましたが、会場では、誹謗中傷や悪意のコメントが殺到することなどを懸念する声があがっていました。

自民党でのヒアリング以来、議員の方が持っている懸念も予想できましたので、インターネットを使った選挙運動については世の中からの期待が大きいということを議員の方々に伝えるためにネット署名活動を始めま

他社にも協力してもらってネットで署名を集める

した（前ページの図参照）。

私たちが初めて取り組んだネット署名活動です。Ｙａｈｏｏ！ＪＡＰＡＮの利用者数はインターネット利用者の8割を超えていましたが、こと署名活動を広めていくためには一社では限界があると考えました。公職選挙法とかインターネット選挙運動というものに普段から関心を抱いている人たちがどのくらいいるのかが把握できていなかったからです。

そこで、サイバーエージェント、ディー・エヌ・エー、ニフティ、マイスペース、ミクシィ、楽天の各社にも協力をお願いしました。

賛同していただける有識者の方々にもコメントを寄せていただきましたし、シンポジウムを開催して多くの人に知らせるための活動もしました。その結果、約5ヶ月間で約7万2千件の署名を集めることができました。

この数が多いと考えることができるかどうかは微妙です。署名数は国民の声の数です。ですから、多ければ多いほどよいというわけです。

その観点からすると7万2千件が多いとは言えないかもしれません。しかし、初めての署名活動であって、公職選挙法という普段の生活とは少し遠い課題についての署名としては、それなりの数を集めることができたのではないかと考えています。

集まった署名は国に届けることになりました。その方法には2通りあります。請願法に基づく請願として届ける方法と、請願という形式を取らずに届ける方法です。

請願法では「請願者の氏名及び住所を記載し、文書でこれをしなければならない」となっており、その請願に署名を添付することはできますが原則として署名は自筆とされています。

インターネットで集めた署名が自筆ではないこともあって請願法に基づく請願ではなく、単に署名を届けるという方法を採用することにしました。

署名は総務大臣、民主党、自民党に届けました。その時の取材で、ヤフーの社長だった故・井上雅博さんは次のようなことを話しています。

「今回、選挙期間中のホームページやブログの更新は認められそうですが、ツイッターなどについては議論があるようです。一気に解禁することへの懸念は理解しますが『ちょっとでも危ないものは使わない』という考え方にはあまり賛成できません。選挙期間中にホームページやブログで情報を発信していいのが、政党と候補者だけという方向になるとしたら残念ですね。第三者が選挙期間中に選挙に関わることをブログなどに書くと、これまで通り、公職選挙法違反になりかねない。どうすれば有権者により多くの情報を与えられるかという視点で考えるべきですよ」

これが私たちの考えていたことです。

実のところ２０１０年の民主党案は、選挙運動にインターネットを使うことができるのは、政党と候補者のウェブ使用のみとしていました。つまり、候補者以外の普通の人は使えないということでした。また、ウェブ使用についてもガイドラインでツイッターやフェイスブックは自粛する、ということで実質的に政党や候補者のホームページくらいしか使えないというものでした。

この内容については、十分に満足できるものではありませんでしたが、よりよい改正への一歩につながっていくのではないかという思いから改正には期待していました。そして、改正しようとしていた民主党が当時の与党であったこともあり、法改正の実現はかなり確実ではないかと思っていました。

まさかの事態で法改正が遠のく

しかし、まさかの事態が待っていました。法案が国会の委員会を通過する目処が立って、衆議院本会議通過までの日程も見通しが立っていた矢先に、突然、鳩山首相が辞任してしまったのです。

この辞任によって国会は止まり、委員会通過も消えてしまいました。あと数日、辞任が遅ければ民主党時代に公職選挙法は変わっていたのかもしれません。残念なことでした。
そして2010年に公職選挙法改正のチャンスを失ってから、実現できるまでに3年を要することになります。

2010年の参議院議員選挙に間に合わなかったため、国会の中では次の国政選挙にはどうするのかという議論が水面下で続いていました。そしてインターネットによる選挙運動解禁に関心のある議員の方々が中心になり、参議院ではみんなの党が、衆議院では自民党がそれぞれ改正案を提出しました。

一方の与党民主党も、政局絡みとなっていた「一票の格差」問題が解決しさえすれば、すぐに公職選挙法改正に向けて動ける準備をしていましたが、民主党としての法案はあえて用意せず、みんなの党案と自民党案をベースに準備を進めていました。

インターネット活用に積極的な内容の自民党案

当時、自民党は選挙運動に限らず情報発信の手段としてインターネットをできるだけ使っていこうとしていました。そして提出された自民党案は、2010年の民主党案よりもインターネットを利用することができる範囲を拡大したものになっていました。自民党の中でもインターネット活用に積極的な議員の方が中心となり、より踏み込んだ内容のものが目指されたからです。

特に、候補者に限らずウェブサイトなどを利用して選挙運動用の文書図画を頒布することを解禁するという部分は大きな意味を持っていました。２０１０年の民主党案が包含していた大きな課題を解消することができるからです。これが成立すれば選挙運動の定義をよく知らない人々がうっかり選挙運動に該当するような内容を発信してしまっても法律違反には問われなくなります。

また、ウェブサイトなどを利用して候補者の名誉を侵害するような内容が流された場合の対策のためにプロバイダ責任制限法の改定も提案されていました。選挙運動や落選運動に使われる文書や写真などが候補者の名誉を侵害する場合には、候補者からの連絡に基づいてプロバイダがそれらを削除することができるというものです。

もともとのプロバイダ責任制限法では、名誉毀損などの情報を削除するために発信者に問い合わせをしてから7日間待たなければならなかったのですが、その期間を2日間に短縮するという内容です。怪文書などを心配している議員の方にとって示すことができる具体的で現実的な対応策でした。

事前準備に走る

2010年頃までは世の中の関心を高めることや議員の方々に理解いただくことが重要だったために、私たちも議員の方向けの勉強会や署名活動などを行っていました。

しかし2012年には新経済連盟などがむしろ世間に向けての発信を行なっていたこともあり、同じような世間向けの発信をするよりもむしろ、どのようにすれば国会での議案通過をサポートできるかという観点からの活動に絞り込もうと考えていました。

そこに、ある衆議院議員の方から話が来ました。公職選挙法改正をできるだけ速やかに行うためには民主党が自民党案を丸呑みする場合というのを想定して準備しておいたほうがよいということでした。そこで、自民党案が通過することを前提とした準備を進めることにしました。

最初は、プロバイダ責任制限法に関するものです。

まず、提案されている7日間の待機期間を2日に短縮することが、プロバイダにとって実際に対応可能かどうかを調べることにしました。名誉毀損などを理由にした削除の申請を受けたことを発信者に通知をして何日で発信者からの返信が戻ってきているのかを調査したのです。2日間に短縮することが実現不可能であれば、プロバイダとしては受け入れることができない提案だからです。

そして、調査結果からは2日という期限でも十分に対応できるということがわかりました。その情報はすぐに議員の方に提供しました。

次は、プロバイダ責任制限法のガイドラインの改定でした。このガイドラインは法律でも政省令でも行政庁が定めているガイドラインでもありません。プロバイダ責任制限法に基づく削除請求が実務的にスムースに運ぶように民間が実務対応の基準として作成をしたものです。

国内に大小あわせて1000を超えるプロバイダが存在しているため、規模の小さいプロバイダでもルールを守ることができるように、プロバイダに対して削除請求をするときの様式や、削除請求があった場合に、どのような基準に基づいて判断をすればよいのかということが書かれています。

法的な強制力はありませんが、事実上ほとんどのプロバイダがこのガイドラインを尊重して実務対応をしていますので、とても重要な働きをしているものです。

2002年2月にプロバイダ責任制限法ガイドライン等検討協議会が設立されており、名誉毀損・プライバシー関係ガイドライン、著作権関係ガイドライン、商標権関係ガイドライン、発信者情報開示関係ガイドラインが決められてきました。

自民党案で提案された待機期間の短縮を実現するためには、名誉毀損・プライバシー関係ガイドラインの一部を変える作業が必要となります。法律を変えても、規模の大小を問わず全国のプロバイダがスムースに対応することができるようにするためには、実務上の取扱いを定めたガイドラインを改定しなければ片手落ちになってしまうからです。

また問題の一つが改正のタイミングにありました。国会で公職選挙法の改正が成立する時期から最初の国政選挙となる参議院議員選挙までの間にガイドラインを改定し、事業者に周知するところまで終えていなければなりません。通常国会の会期末が6月で、次の年に予定されていた参議院議員選挙が7月であることを考えると、成立を待ってからガイドライン改定の検討を始めたのでは間に合わない可能性もありました。

そこで、あらかじめガイドライン変更を先取りした研究をするので協力をお願いしたいという趣意書（次ページの図）を持って総務省に話しに行ったところ、総務省からは快諾を得ることができました。

勉強会に参加いただいた民間の委員の方々は、将来、正式なガイドラインが検討される際の検討会のメンバーになる可能性が高い方々でした。依頼をした皆さんに引き受けてもらうことができ非公式勉強会を開催することができました。勉強会ではインターネットを選挙運動に使えるようにすべきだということに異論がなかったこともあり、検討は比較的スムースに進み、ガイドラインのたたき台を作ることができました。２０１２年７月23日のことです。

2012年4月4日

「（仮称）改正公職選挙法とインターネット対応に関する勉強会」　趣意書

ヤフー株式会社
別所 直哉

これまで数次に渡り、公職選挙法改正案によるインターネットを活用して選挙活動の解禁を目指した動きがあったものの、現時点において改正は実現しておりません。一方で、遅くとも来年には予定される衆議院総選挙および参議院選挙に向けて、何らかの動きがあるものと思われます。また、本券に関わる公職選挙法改正法案が既に自民党より提出されており、継続審議扱いとなっているところです。仮にこの法案ないし同様の改正案が承認された場合、インターネットを使って選挙運動を実施することが可能になり、候補者のみならず、有権者がインターネット上の掲示板やホームページ、ブログ、Facebook、Twitter等に特定の候補者や政党を応援する書き込みを行うなど、インターネットを選挙運動に活用することもできるようになります。しかし、中には、候補者を誹謗中傷したり、特定の候補者になりすまして書き込みを行う者が出てくることも考えられます。

特定電気通信役務提供者の損害賠償責任の制限及び発信者情報の開示に関する法律（以下「プロバイダ責任制限法」といいます）は、権利侵害された者からの通知に基づき、３条２項照会を行うこととなっています。国会に提出され継続審議となっている改正案においては、このプロバイダ責任制限法の特例を適用するとしています。しかし、選挙運動における利用シーンを考えた場合、政党等に通報を認める場合に、どの範囲（政党自信についてであるのか、候補者に関する通知を政党等が行うことができるのか、できるとすれば本人通知を前提としているプロバイダ責任制限法との関係をどう整理するのか、また政党等の名誉侵害という概念は存在するのか）について認める必要だがあるか、といった問題があります。また、現行のプロバイダ責任制限法は不法行為責任（民法709条）の注意義務の程度を規定するための特則的な性格をもっているため、民事上の損害賠償責任を負うべき場合を前提として書き込み者への照会後７日間の経過を待って対応することによってプロバイダが懸案の書き込みに対する責任を免れることができる旨が定められていますが、選挙の適正性の担保という観点から限られた選挙運動期間において、７日間という期間が適切であるかといった課題もあり、この期間を短縮することが自民党案では提案されています。

法案の検討はこれからですが、国会の状況によっては今国会で法案が成立する可能性もある中では、準備不足のままプロバイダが課題に直面してしまうことのないように、より健全にインターネットの利用を目指すべき者で集まって、予め想定される問題点の洗い出しとその対応策について、勉強会を立ち上げることを提案させて頂きます。

趣旨にご賛同いただき、勉強会にご参加頂ければ幸いです。よろしくご検討をお願いいたします。

以　上

このときの勉強会の取りまとめは、２０１３年に公職選挙法改正案が国会を通過してから、実際のガイドラインを検討する際に利用され、名誉毀損・プライバシー関係ガイドラインの別冊として２０１３年４月に「公職の候補者等に係る特例に関する対応手引き」という形に結実しています。

もう一つ事前の準備をしたことがあります。第三者がフェイスブックやツイッターなどを悪用して候補者になりすましたアカウントを作り、選挙を妨害するような内容を流したらどうしよう、という懸念を持たれていました。また、フェイスブック社やツイッター社は米国の企業でしたので、プロバイダ責任制限法が適用されず、ガイドラインに基づく削除を行うという体制にはありませんでした。

これらの懸念を払拭するために、各社と協議を行いました。米国の企業は、米国での選挙運動ではインターネットを自由に使うことができていることから、インターネットを選挙運動に使えるようにするということには賛成しており、なりすまし防止策をはじめ、それぞれの会社ができる協力はするという内諾を得ることができました。

改正に向けた世の中の動き

準備を重ねているうちに、２０１２年11月、衆議院が解散されました。12月16日に選挙が行われ自民党が与党となり、第二次安倍政権が成立します。そして、直後から改正への動きが進み出すことになります。

２０１２年12月21日に自民党安倍晋三総裁（第二次安倍内閣成立は12月26日）が、新経済連盟の三木谷浩史代表との会談後に「次の選挙までにネット選挙は解禁するべきだ」と発言しました。

また、翌年の2月5日には新経済連盟が主催したインターネットを使った選挙運動に関

明日の選挙運動のための宣言

現在、インターネットを通じた選挙運動の解禁に向けた議論が活発に行われています。

民主主義の健全な発展のためには、有権者一人ひとりが、候補者・政党の主張する政策の内容をマスコミの報道だけでなく候補者や政党自身が行う直接的な情報発信を通じて正しく理解し、また、他者との意見交換を通じて自己の考えを深め、十分な知識、情報、検討を得て選挙に臨むことが必要です。

インターネットは、情報発信と情報収集を行うのに適したツールです。とりわけ、ソーシャル・ネットワーキング・サービスは、誰でも自由に意見を発表することができ、他の人々の生の意見にも簡単に触れることができます。このような性質から、ソーシャル・ネットワーキング・サービスは、選挙運動のための重要なツールになると考えられています。

一方で、ソーシャル・ネットワーキング・サービスを選挙運動に利用することを認めると、なりすましなどの問題も出てくるのではないかというような意見もあります。

多数の国民は、インターネットが選挙運動に使えるようになり、候補者がどのような意見を述べているのかにアクセスしやすくなることを望んでおり、また、自ら情報発信をする際にも適切に行って行くことが期待されています。

そこで、私たちは、インターネットを通じた選挙運動の解禁に向けて、利用者に対して健全な方法で選挙運動を行って行くことを啓発することによって、公職選挙法改正が前向きに進んでいくことの後押しをしていくことを宣言します。

2013年3月22日
発議者　慶応義塾大学教授 國領二郎

賛同者（アルファベット・五十音順）
Facebook（Facebook Japan株式会社）
Google（グーグル株式会社）
LINE（NHN Japan株式会社）
niconico（株式会社ニワンゴ）
Twitter（Twitter Japan 株式会社）
Ustream（Ustream Asia株式会社）
Yahoo! JAPAN（ヤフー株式会社）

するシンポジウムが議員会館内で開かれ、自民、民主、日本維新の会など計10党の担当議員が「公職選挙法を改正して解禁すべきだ」という見解を表明し、主要な党も賛成することがわかりました。先ほど書いた通り、これらの活動に私たちは関与していませんでしたが、他の団体の動きを見ながら補完するような活動を継続していました。

私たちは各党を回って、プロバイダ責任制限法改正への即応体制を整えていることや、米国企業を含めた体制を作っていることを説明しました。特に、SNSなどのサービスを提供している事業者とは共通連絡網を作り、各党の事務局からなりすましや名誉毀損情報などを一斉に関連事業者に通知してもらえるような体制を整えているということを伝えました。

「明日の選挙運動のための宣言」（前ページ参照）はその体制を表すために行ったものです。公職選挙法の公共的な性格から、営利企業だけでの集まりというのではわかりにくいのではないかという意見もあり、慶應義塾大学の國領二郎教授に発議者をお願いしました。ここに名を連ねている企業が共通連絡網に参加している企業でした。

このように各党によるヒアリングや、各党との意見交換においても産業界としては準備を整えているという話を繰り返し行ってきました。

情報提供や意見交換も、与野党を問わずインターネットを選挙運動に使うことができたほうがよいと考える議員の方をバックアップできるような実務体制を整えるということに尽きていました。そのために、国会の委員会における議論についてもフォローし続けました。

多くの議員の努力が実り、公職選挙法改正案は2013年4月19日に成立しました。そして7月の参議院議員選挙で国政選挙において初めてインターネットが選挙運動に使われました。

改正で選挙運動は変わったのか？

法案が通過してからは、一般の人たちに向けてどのように変わったのかということがさまざまな形で広報されています。また、議員の方や各党の事務局の人たちに向けて勉強会なども催されていました。

そして、参議院議員選挙ではさまざまな形でインターネット上のサービスが選挙運動に使われました。しかし、議員の方が最も心配をした「怪文書」が撒き散らされた、というような事態は発生しませんでした。また、準備はしていたもののプロバイダ責任制限法に基づく削除ということもありませんでした。

多くの心配は杞憂に終わりました。

しかし、有権者の視点で見て、候補者が発信したインターネット上の情報は有益だったのでしょうか。

ここに調査結果があります。インターネットで選挙期間中に政党・候補者が発信した情報を見た人は18・3％にのぼり、選挙期間中の閲覧は投票率を5～7％向上させることが明らかになっているというものです（「Ｙａｈｏｏ！リサーチ」モニター登録ユーザーのうち全国の満20歳以上の有権者によるインターネット調査結果より）。

この調査によれば、ある程度は有益であったのではないかと思います。

一方、候補者側から見た評価はどうだったのでしょうか。その後の選挙運動における活

インターネットを使った選挙運動が出来るようになりました。

(注)国政選挙及び地方選挙について適用されます。

①有権者は、ウェブサイト等(ホームページ、ブログ、ツイッターやフェイスブック等のSNS、動画共有サービス、動画中継サイト等)を利用した選挙運動ができますが、電子メール(SMTP方式及び電話番号方式)を利用した選挙運動は引き続き禁止されています。

②候補者・政党等は、ウェブサイト等及び電子メールを利用した選挙運動ができます。

(注)・選挙運動とは、特定の選挙について、特定の候補者の当選を目的とし、投票を得又は得させるために、直接又は間接に有利な行為のことです。
・選挙運動は、公示・告示日から投票日の前日までしか行うことができません。
・18歳未満の者等は選挙運動をすることができません。

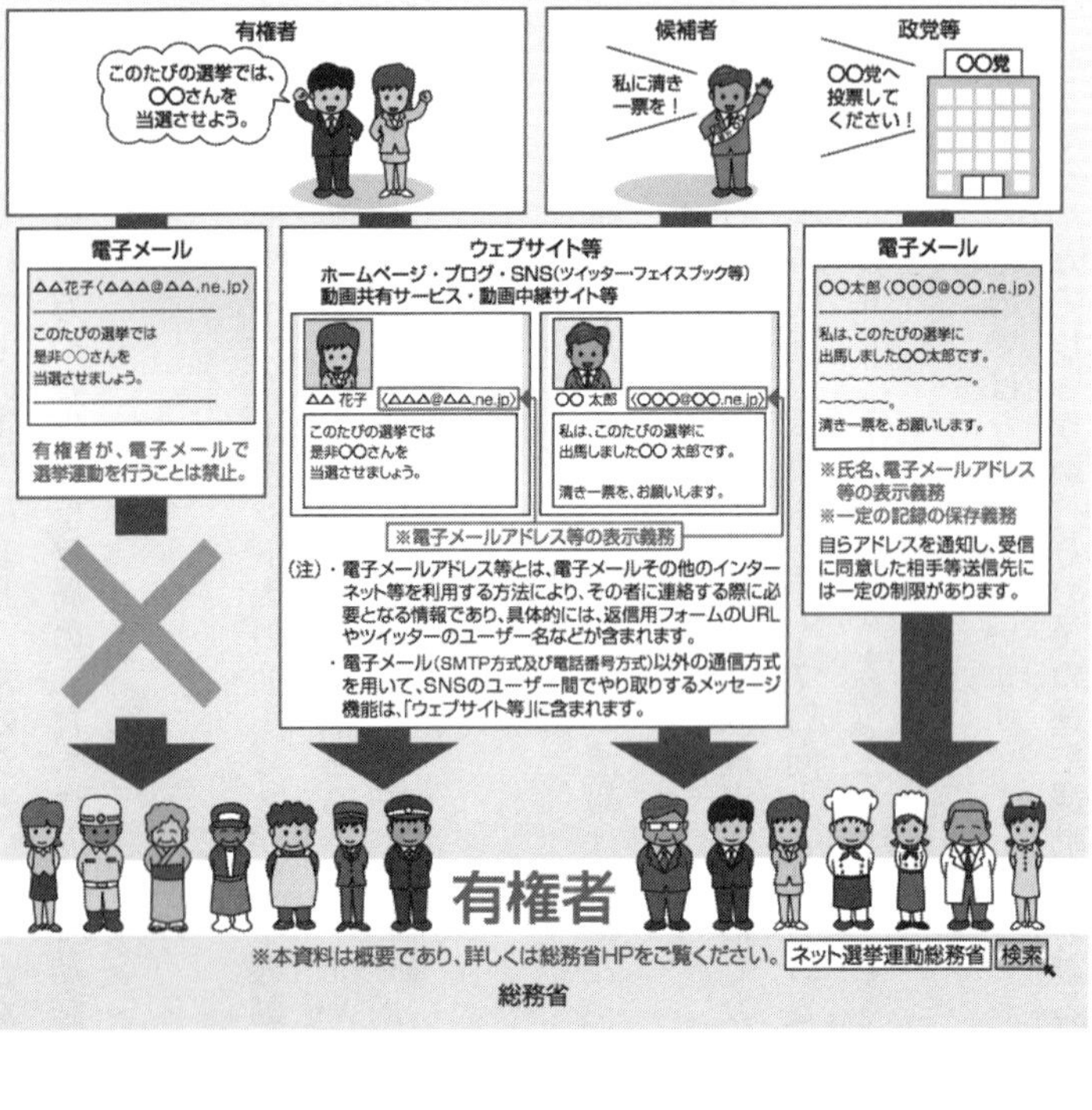

※本資料は概要であり、詳しくは総務省HPをご覧ください。 ネット選挙運動総務省 検索

総務省

用状況に照らすと、まだまだ利用した成果を実感できていると言えるかどうかは、微妙かもしれません。

インターネット上で発信をすることはできるが有権者側の反応が肌感覚でわからない、ツイッターのような双方向発信できるツールで有権者からの質問などに答えることで炎上するリスクを考えると一方的発信にならざるを得ない、などの声を聞いています。

普段の政治活動のツールとしてインターネットをどこまで活用することができているかも重要です。選挙のときに突然作成されたホームページなどを見てもらうことはなかなか難しいからです。

また、地域が広く有権者数が多い選挙についてはインターネットの情報発信機能が果たす役割は大きいと思いますが、地方自治体の議員選挙のように、地域が限られていて、インターネットで情報を拡散するよりも直接有権者に意見を伝えるほうが効率的であるようなところでは、あえてインターネットという手段を使う必要はないでしょう。

その意味で、具体的に選挙区に合わせてどのようにインターネット上のサービスを使っていくのがよいのかというベストプラクティスを見つけていかなければならないというのが現状だと思います。しかし、それも時間の問題ではないかと楽観的に考えています。

結果として、公職選挙法改正によって大幅に選挙運動が変わったということはまだ言うことができません。しかし、将来に向けて大切な扉を開いたと思います。

残された課題

さて、今回の改正にはまだ宿題が残っています。電子メールについては政党と候補者のみが選挙運動用のメールを送ることができると限定されていることです。電子メールもウェブサイトと同様に、一般の方々がよく知らないままに使ってしまって法律に違反してしまう可能性が残っています。たとえば候補者から送られてきた選挙運動用メールを転送したりすることが考えられるためです。

しかし、今回は議員の方々の中に全面解禁には根強い反対があったようで、電子メールについては一部だけしか解禁されませんでした。この課題をどうしていくのかは積み残されています。

メールの利用を解禁することで発生するリスクもあるかもしれませんが、米国など諸外国の状況を見ていると、今では選挙運動に関連して流されるフェイクニュースの問題のほうが大きいのではないかと思います。

プロバイダ責任制限法では名誉毀損情報は削除できますが、名誉毀損情報を含まないフェイクニュースには対応できません。たとえば、トランプ大統領候補をローマ法王が応援していると言うような偽情報が流されたように、著名な人が候補者を支持しているというような偽情報が流されたとしたら、どうすればよいのでしょうか。

インターネットを信頼できる選挙運動のためのツールにしていくために考えなければならないことは、まだまだ残っています。

第４章で説明した法律改正までの道筋

1　公職選挙法改正に関する自民党のヒアリングに呼ばれ、議員からの質問に答えた。

2　議員勉強会に参加し、インターネットを選挙にどのように利用できるかを説明した。

3　インターネットを使った選挙運動に世の中からの期待が大きいことを議員に伝えるため、ネット署名活動を行った。一社では限界があると考え、インターネット業界の他社にも協力を依頼。集まった署名を総務大臣、民主党、自民党に届けた。

4　参議院ではみんなの党、衆議院では自民党がそれぞれ改正案を提出した。

5 国会での議案通過をサポートするための活動を行った。

6 第二次安倍政権の成立後、改正への動きが加速したため、各党を回って、法律改正後の体制を整えていることを説明した。

7 公職選挙法改正案が成立し、その後の選挙でインターネットが選挙運動に使われるようになった。

第 5 章

海外から配信される電子書籍は
消費税が課税されず、
競争が不公平になってしまう

賛同する人の輪を
広げる方法を知る

↓

消費税法改正に取り組む

この章ではルール作りに関する課題提起のためにはマスメディアの力が重要であること、賛同する仲間を作ることが大切であることをお話しします。

多くの人々に合理的だと思ってもらえるルールであっても、実際に多くの人々が賛同しているということを世の中に示すことが大切です。

ここでは税制というテーマを取り上げていますが、影響する範囲が非常に大きいことから、思わぬところに影響が出ることがあります。そのため全体を見渡してどのような影響が出るのかという点での十分な調査と、その対策がなければルールは変わりません。

そして細部にわたって制度を熟知している財務省自身が改正に前向きにならない限りは改正するための条文を作成することもできないのです。その意味では財務省がどのような動きをしていたのかという部分も読んでいただきたいところです。

同じ物を買っても消費税がかからないものがあった

2015年9月までは、海外から配信されるデジタルコンテンツには日本の消費税が課税されていなかったことを覚えていますか。

電子書籍や音楽などのデジタルコンテンツは、元のデータが置かれたサーバーがどの国にあってもインターネットを通じて国境を越えて提供することができます。代表的な例としてはアマゾン社が海外のサーバーから日本へ日本語の電子書籍を配信してきています。その際に消費税が課税されるのかどうかが問題でした。

実際にどうなっていたのかを見てみましょう。

次ページの画像は消費税法が改正される前に記録したものです。「ハウ・グーグル・ワークス」というグーグルでの働き方について書かれた本の価格を見てください。日本語の翻訳本は日本経済新聞出版社から出されています。

この本の電子版の値段を比較してみると、アマゾン社のキンドル版を買うと１８００円で、日経ストアという日本経済新聞社グループの電子書籍ストアで買うと１９４４円でした。その差は１４４円で１８００円の８％、つまり消費税相当額です。

なぜ、アマゾン社のキンドル版は安くなっているのでしょうか？　その理由は、アマゾン社のキンドル版には消費税がかけられていないことにありました。つまり、この書籍を出版した出版社が自ら販売しているもののほうが、アマゾン社が販売しているものよりも８％高いということです。

税制によって海外企業のほうが８％も有利な価格設定をできるという状況でした。

「ハウ・グーグル・ワークス」の価格の差

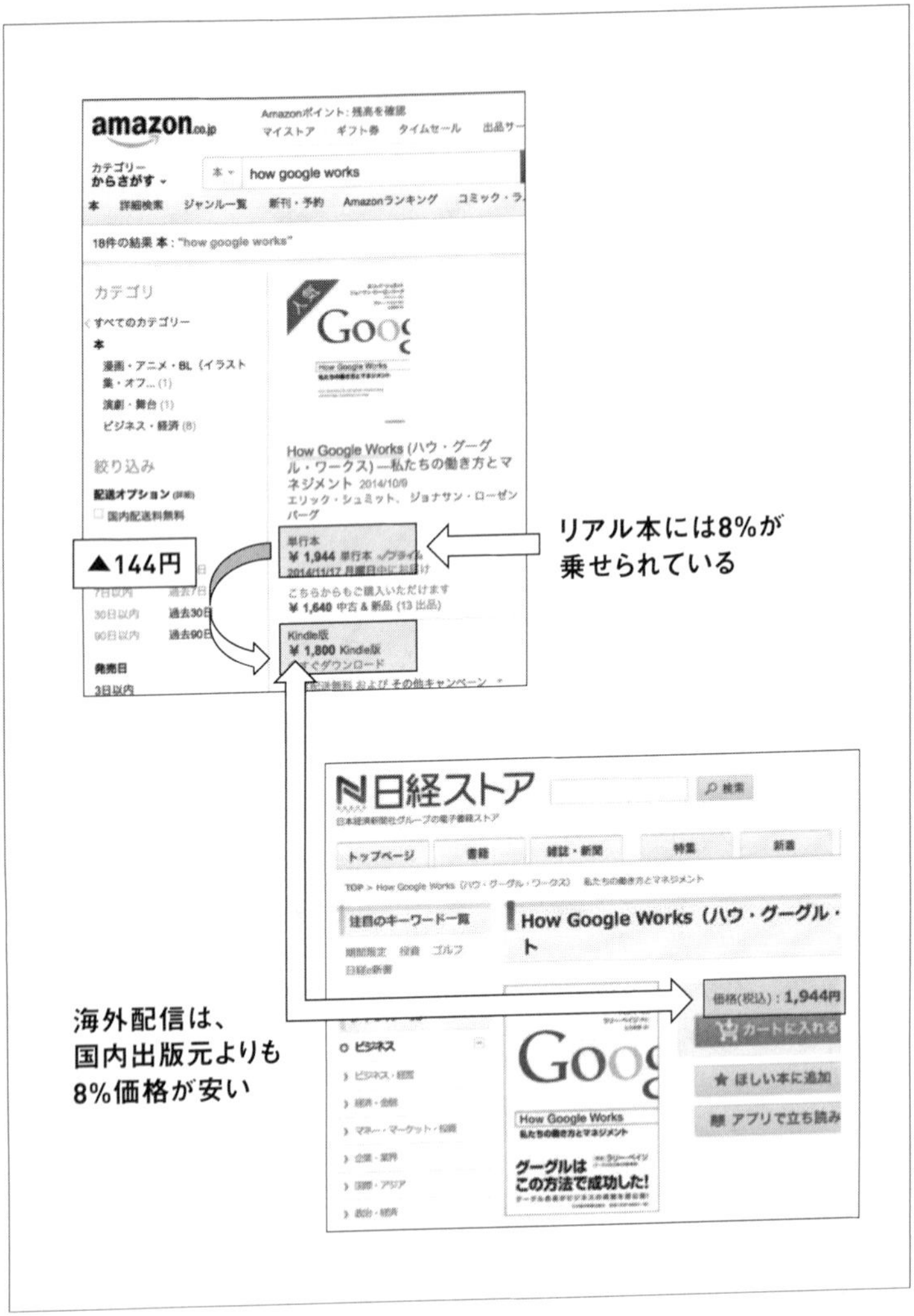

消費税分の価格差が競争力に影響を与える

そして、同じことは書籍や音楽といった消費者向けのサービスだけではなく、広告配信のような事業者向けのサービスでも生じていました。ある企業がグーグル社から広告を購入する場合、消費税分を上乗せして支払う必要はない一方、ヤフーから購入する場合には消費税を上乗せして支払わなければならないという状態だったのです。

これでは競争力に影響が出てしまいます。コストに敏感な広告主にとって8％は大きな金額だからです。1000円、2000円といった価格の電子書籍でも、8％は小さな差ではありません。まして何十万円、何百万円という広告を出す場合の価格の差は、もっと大きくなります。

新聞記者に情報を提供する

この不公平を是正する取り組みを始めるにあたっては、消費税によって公平な競争が阻害されていて国内事業者が不利になっているという問題をどう世の中に提起すればよいのかが課題でした。課題を広く提起するためには報道機関に取り上げてもらうことが一つの鍵となります。そこで、この問題に興味を持ってもらえる記者を探そうと考えました。

まず、広報室と相談をして、取材というよりも情報提供という形で話を聞いてもらえそうな人を探し始めました。運よく最初に話をした新聞社の編集委員の方が高い関心を示してくれました。これが転機となります。

すぐにこの問題に対して、どのように課題に取り組んでいくのがよいのかという相談もさせていただきました。そこで整理した事項は次の通りでした。

① 我が国は、現状、海外からサービス提供する事業者に対して消費税が課税されていない一方で、他の先進国では「消費地課税の原則」により課税されている状況をまとめること。
② 現行の制度で海外事業者と国内事業者の間で不公平が生じていることや、このままでは将来消費税率をアップしたとしても海外から配信されているサービスについては税の取りこぼしが生じてしまうという観点で、改正の正当性を整理すること。
③ 多くの人たちに関心を持ってもらうために記者会見を行ったり、有力なブロガーに働きかけたりする必要があること。
④ 民間の事業者で集まってフォーラムなどを開催すること。
⑤ 多くの人の関心が高まったことを背景に政府に働きかけること。
⑥ 議員に働きかけを行い、主要政党で課題として取り上げてもらうこと。
⑦ 可能であれば２０１３年の消費税法改正を目指すこと。

そして、ここで整理された内容に沿って、その後の活動を行うことになります。

消費地課税の原則▼

消費税を、サービスを提供している国（サーバーが置かれている国）で課すのではなく、サービスが利用（消費）された国で課すのを原則としようという考え方です。この原則に従えば、海外から配信されてくるコンテンツに日本で消費税を課税することになります。

最初に2012年5月26日の日本経済新聞朝刊1面に記事が出ました。

消費税ゼロ　海外から配信

電子書籍や広告　楽天など検討

楽天などインターネット関連の大手企業が、海外拠点から日本に電子書籍や広告を配信する検討に入った。電子書籍市場が立ち上がるなか、消費税がかからずに国内向け配信ができる海外ネット大手と競争条件をそろえるためだ。国境を越えたネット取引への課税は世界的な課題となっており、国内でも議論が高まりそうだ。（解説5面に）

国境越えた取引非課税　外国企業と同じに

日本では、国内での取引と輸入した物品に消費税がかかる。音楽やパソコンの応用ソフトなどのデータもネット配信の拠点が国内にあれば国内取引として課税される。一方、海外に本社を置く企業が現地の拠点から配信すれば、国外での取引とみなされて現状では消費税がかからないため、内外格差が生じている。

今年、日本は電子書籍元年といわれ、多くの国内外企業が参入を表明している。このうち米アマゾン・ドット・コムは、電子書籍端末「キンドル」に海外サーバーから配信すれば、消費税がかからない。国会で消費税率を10%に引き上げる議論が始まるなか、日本企業は危機感を強めていた。

楽天は買収したカナダの電子出版会社のコボ（トロント）を使って、日本語に対応した端末などの国内販売、配信事業に乗り出す。配信は「コボが担当し、サーバーはカナダなど国外に置く」（三木谷浩史社長）。

国内拠点から電子書籍を配信している紀伊国屋書店は「アマゾンの配信などが非課税なら勝負にならなくなる。制度の見直しを政府に強く求める」（高井昌史社長）方針。現状のままなら海外からの配信を検討する。

ネット広告では、海外拠点を持つ米グーグル、フェイスブックなどが日本向けに配信しており、日本企業が同社と取引する場合、広告配信料に消費税はかからないとみられる。一方、ヤフーでは、企業が広告枠を購入すると消費税がかかるため「制度改正されないなら、海外配信を検討せざるを得ない」（同社幹部）。

国境を越えたネット取引への課税は欧州連合（EU）加盟国が実施しているほか、経済協力開発機構（OECD）で議論されている。日本でも企業が同一条件で競争できる税制の見直しが求められそうだ。

その結果、それまではあまり関心を持ってもらうことができなかったこの問題に注目が集まり始めます。

法改正か政省令の改正か、ゴールを明確にする

検討を始めた当初は消費税法改正を前提としていましたが、本当に法改正が必要なのかどうかをきちんと詰めておこうということになりました。**最終ゴールが法律の改正なのか、政省令の改正なのかではアプローチも手続きも異なるからです。**

2012年6月初旬に国税庁を訪問しました。国内取引に当たる場合には消費税が課税されるため、海外から国内の消費者向けに提供されているものも国内取引に当たると政令の解釈で行うことができるのかどうかを尋ねることを目的としていました。

いろいろと話を伺いましたが、結論から言えば、内外判定の基準の変更を政令の変更で行うことは難しいという結果でした。つまり、やはり消費税法改正を行う以外の選択肢はないということです。

消費増税なら外国勢有利
ネット配信各社　募る不公平感
「国外取引」も課税求める
海外から配信　周到な準備を

内外判定の基準▼

消費税法では国内の取引に課税することとなっています。そこで「消費地課税の原則」を明確にするためには、海外から配信されているサービスが国内の取引に該当しなければなりません。「内外判定の基準」というのは、提供されているサービスが国内の取引に該当するのか、それとも海外の取引に当たるのかを判定するための基準のことです。

これでゴールは明確になりました。６月25日には、この内外判定について日本経済新聞が上のような詳しい記事を掲載しました。

こうして世の中の関心が高まる中で政府も

動き出しました。

財務省の「消費税の課税の在り方に関する研究会」で議論される

財務省も7月5日に中里実東大大学院教授を会長とする「国境を越えた役務の提供等に対する消費税の課税の在り方に関する研究会」を立ち上げます。そして、8月24日に開かれた3回目研究会でのヒアリングに呼ばれました。

ヒアリングでは、ＢｔｏＢのサービスについて説明をしています。ヒアリングに呼ばれたところは複数あり、他の方がＢｔｏＣのサービスについて述べていたため、ＢｔｏＢのサービスに特化して話をしました。

研究会は11月2日までの間に6回が開催されて一通りの議論がなされ、中間報告書の取りまとめ案についても議論されました。しかし、この研究会の正式な報告書は作成されずに終わっています。また中間報告書案については、その内容が「意思形成過程の途上における未確定の事項」であることを理由に公にされることはありませんでした（２０１３年６月27日付行政文書不開示決定通知書より）。

研究会における議論の結果は最終的に公にはされませんでしたが、国際的な取り組みの状況、欧州での状況、日本における状況や課題が協議されたことは財務省が検討を進めていく上で重要な役割を果たしたと考えています。

年明けの２０１３年1月には、自民党経済産業部会が「国境を越えた役務提供等に対する消費税の課税のあり方の検討」を要望しましたが、その年の自民党税務調査会の審議では「長期検討とする」という評価でした。

そして、消費税法改正のための活動は翌年度以降を目指して進めることになります。

財務省でのヒアリングと経団連

ところで、財務省の委員会で行われたヒアリングには、ヤフーとしてではなく経団連として出席しています。現在、ヤフーは経団連に加盟していますが、実は、加盟は２０１２年の7月24日付でした。ヒアリングが行われる１ヶ月ほど前になります。

加盟してから知ったのですが、ちょうどその年に経団連がまとめようとしていた税制改革要望の中に、「国境を越えた役務提供等に対する消費税」という項目が含まれていました。最終的に取りまとめられて10月5日に公表された要望に「国内におけるコンテンツの提供や、税関を経由した輸入取引の場合には消費税の課税が行われるのに対し、インターネット等を経由したコンテンツの提供には消費税が課せられず、中立性や公平性が損なわれている。そこで、OECDにおける議論やEUにおける制度等を参考にしつつ、事業者の競争条件の均衡化の観点や企業のコンプライアンス・コストにも十分配慮しながら、国境を越えたこれら役務提供等と消費税との関係について検討を行い、所要の措置を講じる必要がある」ということが課題として指摘されています。

これは、まさに私たちが考えていた課題と同じものでした。加盟をしたタイミングが幸運だったとしか言いようはありませんが、そのおかげで経団連としてヒアリングに参加できたのです。もし、ヤフーだけで主張していたのであれば、その機会はなかっただろうと思います。

また経団連への加盟は、BIAC（The Business and Industry Advisory Committee to the OECD）という団体への参加を可能にしてくれました。BIACへの参加により、OECDでどのような議論が行われているのかがわかるようになりましたし、委員会を通じて意見を述べていく機会も得られています。

社外の同じ声を集める

多数の声だということを政府に届ける必要がある

財務省で行われている委員会の情報を集めながら、**私たちは並行して、政府で検討をさらに進めてもらうためには声を大きくしていく必要があると考え、一緒に活動をしてもらうことができる人々を探すことにしました。**やはり、多数の声だということをさらに政府に届ける必要があると考えたためです。

ＢｔｏＣの分野では、電子書籍を販売している出版社が同じ課題に直面しているのではないかと考え、株式会社紀伊國屋書店を訪問し高井昌史社長とお会いしました。そこで初めて、高井社長が消費税が導入された時から、海外からの配信に消費税がかかっていないことを問題だと主張し続けていたということを知りました。消費税法を変えていく必要があるということを強く支持していただけました。

しかし、訪問した出版社の中には、消費税法を変えるべきだという主張をするよりも、むしろ、ヤフーのような会社が海外に拠点を移すというようなドラスティックな主張をしたほうが効果があるのではないかという意見を持っている方もいました。また、音楽配信をしている会社なども訪問しましたが、ただちに賛同するというところまではなかなか進みませんでした。

それでも少しずつ、賛同していただけるところが増えてきました。何社にもアプローチをした結果、海外の学術書籍の販売を手がけているユサコ株式会社や、クラウドサービスを提供しているさくらインターネット株式会社などが活動に加わってくれました。

議員連盟の設立をお手伝いする

事業者の賛同者を探しながら、議員への説明も始めていました。その中でこの問題に強い関心を示してくれた参議院議員がいました。その議員の方からは、改正を早急に進めていくためには議員連盟を創設することがよいのではないかというお話をいただきました。

それまで議員連盟の立ち上げに携わったことがなかったため初めての経験でしたが、議員連盟の立ち上げの手伝いを始めました。超党派での議員連盟を想定していましたので、まずは政党ごとに発起人として名を連ねる議員が必要になります。どの議員であれば賛同してもらえるだろうかというところは議員連盟の立ち上げを主導された議員に委ねていました。

発起人には名を連ねるだけではなく、各党の内部で議員連盟の立ち上げについて了承を得てもらうという役割もあります。それぞれ

ＩＴ推進と公正な消費課税を実現する議員連盟（仮称）

設立趣意書

インターネット等を通じたオンラインコンテンツ（電子書籍、音楽、映像等）やインターネット広告、クラウドサービスは日本の成長産業の柱です。

しかし、多くの海外ＩＴ企業も日本国内に向けて同様のサービスを提供する事が簡単にできるというＩＴの特殊性を持っています。それらの海外企業の提供するサービスには消費税が課せられていません。

このような税制上の整備の遅れが原因となって徴収漏れの危機が進んでいます。また、消費税課税の有無が国内企業と海外企業との競争力格差につながり、海外移転や空洞化の恐れも発生しています。

例えば、国民の目から同じように見える日本語の電子書籍であっても、

・国内から配信されていると「消費税が課税される」

・海外から配信されていると「消費税が課税されない」

という現状があります。国内企業は海外企業に対して価格競争上、不利な立場に立たされています。そのため、国内企業が海外に拠点（販売主体、サーバー等）を移す事例が出てきており、今後の消費税率の引き上げのため、さらなる海外移転による産業の空洞化と税収の落ち込みが懸念されています。

すでに、ＥＵでは、ＥＵ域外の事業者が、ＥＵ域内の利用者に対してインターネットを通じたサービスを販売した時にも、付加価値税（消費税）を徴収しています。

このため、私たちは、まずは喫緊の課題として、ＯＥＣＤなどの国際的な税制改正の勧告に従って、国内利用者への電子的サービスの売上に対しては、国内企業にも海外拠点企業にも平等に消費税が課税されるよう、法令の改正その他必要な手続上の整備を進めます。

そして、日本人向けのインターネットサービスの空洞化を食い止めてＩＴ立国を推進すると同時に、消費税の適正な課税で財政再建を目指す事を目的として、議員連盟を設立いたします。

2013年6月

設立発起人

村上誠一郎　（自民党）
大久保　勉　（民主党）
桜内　文城　（維新の会）
上田　勇　（公明党）
中西　健治（みんなの党）
玉城　デニー（生活の党）

の党内での役割などを勘案しながら、発起人が決まっていきました。

次は、議員連盟の役員です。普通は、与党に議員連盟の会長をお願いするのが座りもよいとされています。しかし、海外コンテンツへの消費税課税の問題は与党内で調整中であったこともあり、とても変則的でしたが会長は空欄のまま進めることになりました。

その後、他の議員に声がけをするための趣意書と議員連盟の規約案が作成されました。右に掲出したのが趣意書です。

２０１３年６月26日に設立総会が開催され、当日は議員連盟に入会された29名の議員のうち議員本人が12名、秘書が６名出席しました。事務局長には桜内議員が就任し、議員連盟の規約も承認されました。引き続いて事業者からのヒアリングが行われ、紀伊國屋書店、ユサコ、さくらインターネットそしてヤフーの４社から実態についての報告がなされました。

インパクトがあったＮＨＫの報道

それまでの活動の中では、国内産業の競争力に影響しているというような定性的な主張はしてきましたが、海外からのコンテンツに課税しないことがどの程度税収に影響があるのかという定量的な数字は出されていませんでした。

そんな中、NHKの報道がなされました。8月7日です。大和総研の調査によると海外から配信されているコンテンツに消費税が課せられていないことで、本来得ることができるはずの消費税の税収が1年間で247億円失われているという趣旨のものでした。

200億円を超える数値のインパクトは大きいものでしたし、将来の電子コンテンツの流通量の増加を考えるとさらに大きくなっていくことが容易に予想されるものでした。インパクトのある報道が続く中で、次の施策に進んでいきました。

事業者によるフォーラムを開催する

議員連盟が設立され、賛同する事業者集めも進んできたところで事業者によるフォーラムを開催することを企画しました。フォーラムの開催目的は「声明文」を採択するためです。

この課題について一度NHKによる報道がありましたが、世の中の関心を継続して集めていくためには、この課題を取り上げた記事が継続して掲載されていくことが必要です。

しかし、記事を通じて世の中の方に知ってもらいたいと思っても、それだけで記事になるわけではありません。

消費税法が国内事業者の競争力に不利益に働いているということや税収面でのインパクトはすでに報じられていますから、記事になるためにはプラスアルファの事実が必要です。フォーラム開催と声明文はプラスアルファの事実として取り上げられる可能性がありました。

また声明文を関係する省庁などに届けて事業者の関心の高さが継続しているということを理解してもらうことも視野に入れていました。

2013年8月28日に経団連会館で「インターネットサービスにおける公正な消費税課税を求めるフォーラム」を開催しました。司会は青山学院大学法学部の三木義一教授でした。

フォーラムには活字文化議員連盟宛てに要望書を準備していた出版関連の集まりから植村八潮専修大学教授に参加いただくことができました。植村教授に参加いただいたことは、その後の活動の推進に大きな力となります。フォーラムでは、最近の動きについては経団連から、これまでの報道状況については紀伊國屋書店から、付加価値税に関するOECD勧告とEUの制度についてはヤフーから報告がなされ、参加者からも意見が述べられました。

ＯＥＣＤ勧告について触れたのはＯＥＣＤでは消費地課税といってコンテンツが見られた国で消費税（ＯＥＣＤでは付加価値税と言います）を課税することが原則だと言われていて、欧州ではすでにデジタルコンテンツについても消費地課税がなされていたからです。もちろん日本もＯＥＣＤ加盟国です。

フォーラムにはいくつかの報道機関が取材に訪れ、読売新聞などが記事として取り上げてくれました。そして、９月に経済産業省に声明文に基づいた要望書を提出しました。

政府内では、10月に開かれたその年の第３回の政府税制調査会において調査会の中に「国際課税ディスカッショングループ」を作り議論がされることが決定しました。しかし、これは２０１４年４月に予定されていた消費税率を８％に上げるタイミングでの法改正が間に合わないことを意味しました。次ページに掲出するのは10月25日付の日本経済新聞の記事です。

財務省は、課題は認識しているものの消費税率改定のための準備に膨大なリソースが必要なために余力がないことや、影響をきちんと見極めるためにはさらに詳しくヒアリングなどを積み重ねる必要があるという考えでした。

財務省の立場は理解できましたし、極めて厳しい状況でしたが、２０１３年10月末にヤフーの社内ではこの状況でも翌年の法改正に向けてリソースとコストをかけて問題に取り

海外発ネット配信に消費税

来春間に合わず

検討作業遅れ

　海外からインターネットを通じて配信される音楽や書籍、ゲームなどへの消費税の課税は税率が8％に上がる2014年4月に間に合わない見通しになった。政府税制調査会（首相の諮問機関）や財務省の作業が遅れているためだ。消費税がかかる国内企業と、かからない海外企業の格差は一段と広がる。税率が10％に上がる予定の15年10月までに導入できるかが次の焦点となる。

　日本の消費税は国内での取引とモノの輸入が対象だ。外国企業が海外にあるサーバーから音楽や日本語の電子書籍などを日本に配信する場合、国外での取引とみなされ、今は課税されない。

　政府税調の下部組織である国際課税ディスカッショングループの田近栄治座長（一橋大特任教授）は24日、会合後の記者会見で「来年度というわけでもない」と語り、海外からのネット配信への課税を始める時期を明確にしなかった。

　財務省は12年度に有識者による研究会を発足。域外からのネット配信に日本の消費税にあたる付加価値税（VAT）を課している欧州連合(EU)の例を主に研究した。海外からネットで配信する企業の登録を義務付ける仕組みを検討したが、政権交代などの影響で具体策をまとめられず、14年4月の新制度の導入は見送る。引き続き政府税調で対策を詰める。

　競争条件のゆがみに対し国内の出版業界などの不満は強まっている。政府税調の中里実会長（東京大教授）は24日、作業を急ぐ考えを示した。

　国際課税グループは24日、多国籍企業の税逃れや海外企業が日本に持つ支店への課税のあり方も議論した。政府は支店への課税方式を14年度から見直す方針だ。日本にある支店と海外にある本社を一体とみなした方式を改め、支店の所得のみに税を課す仕組みにする。

組むということを執行役員会議で再確認しました。企業として取り組んでいくために協力を必要とする社員に伝えていく必要性があったことと、改正が遅れれば遅れるほど国内企業にとって回復が不可能になってくることを危惧したからです。そして賛同者集めをさらに進めていきました。

3団体主催で公開フォーラムを開催する

1回目のフォーラムに植村教授に参加いただいたことをきっかけに、同じ趣旨で活動をしてきた3つの団体が一緒に活動を始めました。「海外事業者に公平な課税適用を求める対策会議」「文字・活字文化推進機構」「インターネットサービスにおける公正な消費税課税を求める連絡会」の3つです。ヤフーは「インターネットサービスにおける公正な消費税課税を求める連絡会」の会長社でした。

まず、3つの団体で11月7日に自民党の野田毅税制調査会長に要望書を届けました。そして3団体が主催した「海外事業者に公平な課税適用を求める公開フォーラム」を11月26日に参議院議員会館で開催しました。会場からおわかりいただけるように国会議員に向けたフォーラムです。議員の方は「活字文化議員連盟」「子どもの未来を考える議員連盟」

海外事業者に公平な課税適用を求める
公開フォーラム　アピール

【内容】

海外事業者による電子書籍、ネット広告、クラウド、音楽、映像等のインターネットサービスに対し、消費税が課税されないため、公平な競争が阻害されている事を至急、是正をお願いいたします。

【理由】

インターネットを通じたオンラインコンテンツ（電子書籍、音楽、映像等）やネット広告、クラウドといったインターネットサービスは、現在海外事業者が積極的に日本市場に参入し、国内事業者と競合しています。

しかし、これらのサービスにおける消費税は、国内事業者には課税される一方、海外から配信する事業者には課税されないという不公平な状態になっています。

そのため、国内企業は消費税相当額だけ価格競争上の不利な立場に立たされ、やむなく海外に拠点を移す事例も出始め、事業法人税収や雇用の減少にもつながっていきます。今後さらに、消費税率が引き上げられることによって、問題の深刻化が懸念されます。

大和総研による調査報告によれば，消費税収損失額は約２５０億円になると推計されています。

ＯＥＣＤでは既にサービスが利用される国で課税されるべきとの勧告も出しているので、これに従って一刻も早く公平な消費税の制度に改善していただくように要望いたします。

平成25年11月26日

公益財団法人　文字・活字文化推進機構
海外事業者に公平な課税適用を求める対策会議
インターネットサービスにおける公正な消費税課税を求める連絡会

「ＩＴ推進と公正な消費課税を実現する議員連盟」に所属されている議員を中心に、議員本人による出席と代理出席を合わせて35名の方に参加いただきました。

そこで前ページのアピール文を採択しています。

財務省が改正に向けて舵を切る

フォーラムの開催を準備しながら国会議員を通して財務省との協議も続けていました。10月には大蔵省出身の参議院議員の方に意見も伺いに行きました。

その議員の方からは、改正の趣旨は理解できるが、それを実現するための税の捕捉と徴収という技術的な課題に対応できる仕組み作りが重要だという話を伺いました。また、税制改正は主税局が案を作り政府税調で揉んで党税調で承諾を得るというプロセスになることと、党税調が仕組みを考えることはないため党税調に具体案を提案する必要があるということも教えてもらいました。

財務省と直接話をする機会の中で、再来年度の改正を目指すという方針を聞くことができました。

内外判定の変更は政令改正ではなく、法律の変更でやるべきだと財務省は考えており、法制局との打ち合わせでもその方向で進めているものの、来年度には制度設計が間に合わない。そこで、26年度の政府税調では方向性を示し、前向きに進めていくという話でした。

そして2013年12月18日に発表された自民党税制調査会の大綱には「国境を越えた役務の提供に対する消費税の課税のあり方については、国際機関や欧州諸国における対応状況を踏まえ、内外判定基準の見直し及びそれに応じた適切な課税方式について、リバースチャージ方式の導入も含めて、平成27年度税制改正に向けて具体的に検討する」という記述がなされました。

その後、12月24日に閣議決定された「平成26年度政府税制改正大綱」には海外から提供されるインターネットサービスの話は盛り込まれずに終わっています。しかし、財務省が改正に向けて舵を切ったことで、その後の対応スピードがグンと上がりました。

多くの活動を重ね、2013年はこのような結果で終わりました。

改正を遅らせないために次のフォーラムを準備する

2013年の結果を踏まえて、3団体では2014年4月に次のフォーラムを開催する準備を始めました。それまでの議論の中には、消費税を10％にアップするタイミングに合わせて改正をすればよいのではないかという意見も一部あったため、改正が遅れることを懸念していました。8%という価格差が継続することはビジネスにとっては影響が大きすぎるからです。

2014年の春に東京でOECDの消費税フォーラムが開催される予定だったために、そのOECDフォーラムの前に、3団体によるアピールがしたいと考えました。

その準備対応なども含めて3団体での集まる頻度も増え、2014年は隔週で会議を開いていました。

フォーラムは4月10日に一橋大学の一橋講堂で開催しました。この頃には、電子出版制作・流通協議会、日本レコード協会、音楽電子事業協会も団体としての活動に参加をしており、賛同する事業者数もかなりの数になっていました。ちょうど4月1日に消費税が8%に上がった直後で、新聞各紙をはじめとする報道機関には消費税改定についての記事ばかり溢れていましたが、朝日新聞はフォーラムについて取り扱ってくれました。

そしてフォーラム開催の1週間後、4月17日と18日の両日にわたってOECDの消費税フォーラムが開かれ、新しいガイドラインが承認されました。ガイドラインでは、消費地課税の原則が確認され、ガイドラインを活用していくことが推奨されています。国際的な取り決めとして、日本政府も遵守すべき規範が確認された意味は大きかったと思います。そのと

次回のフォーラムの準備をしている最中、財務省にヒアリングに呼ばれました。

意見の確認や調整には時間がかかるが、避けて通ってはならない

きには、海外から配信されるコンテンツについて消費税を課税するために、具体的にどのような方法で行うのかということに論点が移っていました。大蔵省出身の議員から説明を受けた通り、具体案を出さなければなりません。

２０１４年3月19日のヒアリングでは、経団連の税制委員会企画部会として、具体的な課税方法などについてコメントを述べました。

一方、経団連に所属している企業の中には消費税課税のための内外判定の基準が変わることで、他に影響が出ないかを懸念しているところがありました。多くの企業を代表する団体ですので、一部の企業の意見だけを述べていては片手落ちになってしまいます。意見の確認や調整には時間がかかりますが、団体として行動する以上は避けて通ってはならないところです。

また、これは法改正の影響度を測っておきたい財務省にとっても不可欠な情報です。

経団連は、内外判定基準の変更は、国境を越えたインターネットによるサービスの提供のような競争上の不均衡が生じている分野に限定し、その他の分野については従来通りの基準とすべきだという意見も述べています。

議員立法に向けての準備を手伝う

改正に向けての議論は止まってはいませんでしたが、大きな課題は改正の時期でした。先ほど書いた通り、消費税が10％に上がるまで待つのは産業にとって影響が大きいからです。

そんな中、国会議員の方から議員立法を提出しようと考えているという話がありました。消費税法に定めている内外判定基準について詳細な具体的な対案を出すことは、少数の議員だけの力ではなかなか難しく財務省の力が必要であることから、議員立法として早期の改正を求めるという内容の法案を提出するというものです。

取り得る手段はすべてチャレンジしてみようと考えていましたので、議員立法に向けての準備を手伝いました。

その議員の方が所属していた政党が民主党（当時）でしたので、民主党の財務金融・経済産業部門・税制調査会の合同会議で検討が進みました。5月8日の会議のヒアリングにはヤフーも呼ばれました。そこで、早期の法律改正の必要性について話をしました。

8％の消費税率改定には間に合いませんでしたが、これ以上の遅れは避けたかったためです。もともと消費税率を10％に改定したときに合わせて海外配信コンテンツの件についても改定する、という話はありましたが、すでに10％への改定が予定通り行われるかどうかさえ微妙になり始めているように見えました。

議員立法案は2014年11月に民主党・新緑風会、みんなの党、維新の党、次世代の党、新党改革・無所属の会、生活の党の6会派から参議院に提出されました。11月6日に参議院財政金融委員会に付議され、11月18日に参考人が呼ばれました。紀伊國屋書店、アマゾンジャパン社、ヤフーがそこで意見を述べています（左は参考人招致の文書です）。

紀伊國屋書店は「消費者にとっては価格の差が消費税の課税によるものであるということすらわからない。このままでは海外法人化するしかなく、結果として税収減や雇用減を招く。一刻も早く是正すべき」という趣旨を述べました。

また、アマゾンジャパンは「日本の法令に基づいて適切に納税をしている。なぜ消費税課税の対応が日本でいまだにされていないのかについては国会と政府の問題なのではないか」という趣旨の発言をしています。

ヤフーは「2015年10月に改正をお願いしたい」ということを強調して発言しました。

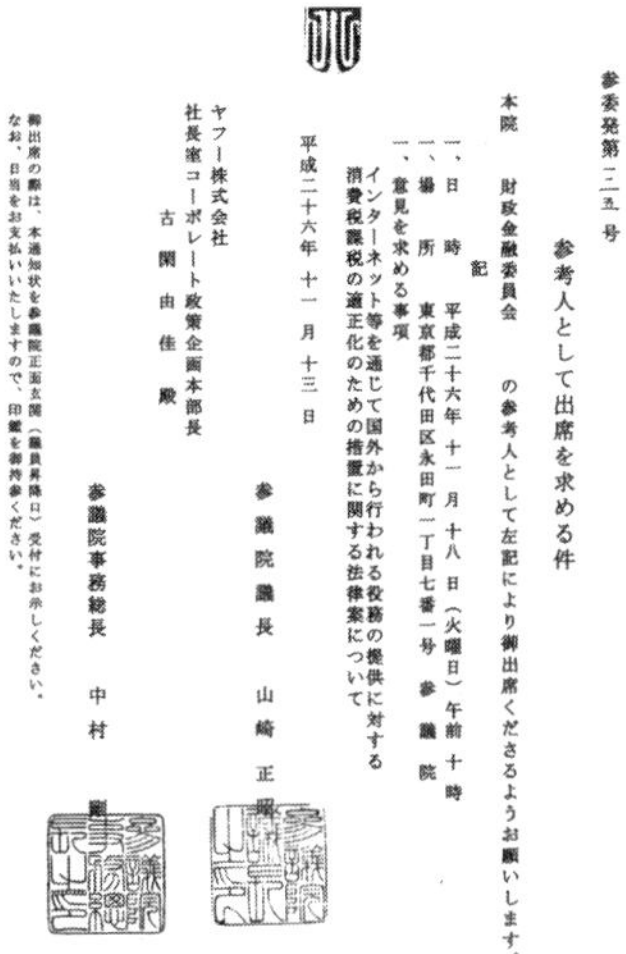
参委発第二二五号

参考人として出席を求める件

本院　財政金融委員会　の参考人として左記により御出席くださるようお願いします。

記

一、日　時　平成二十六年十一月十八日（火曜日）午前十時
一、場　所　東京都千代田区永田町一丁目七番一号　参議院
一、意見を求める事項
インターネット等を通じて国外から行われる役務の提供に対する消費税課税の適正化のための措置に関する法律案について

平成二十六年十一月十三日

参議院議長　山崎正昭

ヤフー株式会社
社長室コーポレート政策企画本部長
古閑由佳　殿

参議院事務総長　中村剛

御出席の際は、本通知状を参議院正面玄関（議員昇降口）受付にお示しください。
なお、日当をお支払いいたしますので、印鑑を御持参ください。

議員立法に関する審議は未了のまま終わっていますが、改正時期が産業界としての高い関心事であることを理解いただけたのではないかと考えています。

議員立法案の提出には加わらなかった与党である自民党と公明党も手をこまねいていたわけではありません。２０１４年12月30日にまとまった与党の平成27年度税制改正大綱には次のような記述がなされます。

「国境を越えた役務の提供に対する消費税の課税の見直し

電子書籍・音楽・広告の配信等の電気通信回線を介して行われる役務の提供を「電気通信役務の提供」（仮称。以下同じ。）と位置付け、内外判定基準を役務の提供に係る事務所等の所在地から、役務の提供を受ける者の住所地等に見直す」

また、実施時期については２０１５年10月１日以降の取引について適用されるべきとされました。もちろん、この記述ができた背景には財務省が早期の改正の必要性を認め、収税の方法についても問題がないと確信してくれたことがあります。

平成27年度の政府税制大綱の閣議決定

そして、２０１５年１月14日、政府の税制大綱が閣議決定されました。与党の平成27年度税制改正大綱をそのまま反映させたものです。これで、ようやく改正の目処が立ちました。

法案は「所得税法等の一部を改正する法律案」の一部として提出され3月13日に衆議院を通過し、3月31日に参議院を通過して成立しました。

日本経済新聞に取り上げてもらってから、約3年経っていました。

残るところは施行です。財務省がいったん決断した後の対応は素早く、施行は半年後となりました。改正が成立した半年後となった施行までの準備も異例の速さだったと思います。そして10月には無事に施行されました。

消費税率が10%に改定されるときを待たずにこのタイミングで実現できたのは、一緒に活動をした多くの人々や改正に向けてのさまざまな準備を重ねてくれた人々のおかげであると考えています。私たちは、この活動に一緒に参画できたことを幸運に思っています。

第5章で説明した法律改正までの道筋

1　課題を広く世の中に提起するため、報道機関に情報を提供した。

2　消費税法改正が本当に必要なのかどうか、国税庁を訪問して相談した。

3 ← 財務省が立ち上げた「国境を越えた役務の提供等に対する消費税の課税の在り方に関する研究会」のヒアリングで説明を行った。

4 ← 政府で検討を進めてもらうためには声を大きくすることが必要と考え、一緒に活動してくれる会社を探した。

5 ← 議員連盟の立ち上げを手伝った。連盟のヒアリングで実態の報告をした。

6 ← 事業者による「インターネットサービスにおける公正な消費税課税を求めるフォーラム」を開催し、声明文を採択、さらに経済産業省に要望書を提出した。

7 ← 翌年の法改正に向けてリソースとコストをかけて問題に取り組むことを社内で確認した。

8 ← 同じ趣旨で活動してきた3団体が一緒に活動を始め、自民党の税制調査会に要望書を届け、さらに国会議員に向け「海外事業者に公平な課税適用を求める公開フォーラム」を開催、そこでアピール文を採択した。

9
改正の遅れを防ぐため、ＯＥＣＤの消費税フォーラムが開催される前に3団体で再度フォーラムを開催し、アピール。その1週間後のＯＥＣＤの消費税フォーラムでは消費地課税の原則を確認するガイドラインが承認された。

10
財務省からヒアリングに呼ばれ、具体的な課税方法についてコメントを述べた。

11
国会議員から議員立法を提出しようと考えているという話を聞き、議員立法に向けての準備を手伝う。議員立法案は6会派から参議院に提出され、参議院財政金融委員会に参考人として呼ばれて意見を述べた。

12
自民党・公明党の与党による平成27年度税制改正大綱に「国境を越えた役務の提供に対する消費税の課税の見直し」が記載される。

13
政府の税制大綱が閣議決定。

14
法案が提出され、衆議院と参議院を通過して成立。半年後に施行された。

第 6 章

地方でのイベントに
人が大勢集まると
宿泊するところが不足してしまう

↓ ルールの解釈を広げる

**行政ガイドライン修正に
取り組む**

この章においては、省庁のルール解釈の裁量の範囲が比較的大きいことと、ルール解釈が狭くなりがちになっている現状がある場合にルール作りはどうあるべきかを述べたいと思います。

民泊に関する法律が2017年6月9日に成立しました。「住宅宿泊事業法」といわれる法律です。この法律により、自分の管理している不動産に宿泊者を受け入れるというサービスを提供できるようになりました。従来、許可を受けた旅館業（ホテルも含みます）にしか認められていなかったサービスが一部自由化されたということです。

ところで、「民泊」にはさまざまな形態があります。ここではその法律で採用された新しいサービスではない、別な形態の「民泊」について話をします。「イベント型民泊」と呼ばれているものです。

「ツール・ド・東北」の実施のためには民泊が必要不可欠だった

ヤフーは毎年、石巻から気仙沼までの間を自転車で走るイベント「ツール・ド・東北」を河北新報社と共催しています。東日本大震災の後、ヤフーは復興支援のために石巻に「復興ベース」というオフィスを開設し、石巻を中心に活動をしてきました。

ツール・ド・東北の関係者数

ツール・ド・東北関係者	人数	宮城県外の人
参加選手	約3,500人	約1,600人
帯同家族	約1,000人	約200人
運営ボランティア	約900人	約400人
関係者	約300人	約200人
計	約5,700人	約2,400人

宿泊が必要な人数は **約2,400人** ― 近隣のホテル、旅館等に泊まれる人数は **約800人** ＝ **約1,600人分の**宿泊施設が不足

ツール・ド・東北はその活動の一つです。復興支援と震災の記憶を未来に残していくことを目的として、２０１３年から開催しています。復興しつつある風景を毎年目に焼き付けながらコースを走ってもらい、途中に設けたエイドステーションという休憩所で地元の食べ物で疲れを癒してもらうというイベントです。

２０１３年には１３１６人、２０１４年には２９５９人、２０１５年には３４７８人、２０１６年には３７６４人の選手が参加しました。そして、イベントを支えるためのボランティアも毎年数百人にのぼります。

その参加者やボランティアの宿泊場所の確保のためには民泊が必要不可欠でした。上の図を見てください。

石巻の近隣の宿泊施設の収容キャパシティーは約1100人ほどですが、復興事業などのために常時滞在されている方々の宿泊分を除くと約800人のキャパシティーしかありません。それをはるかに超える人々が訪れることがおわかりいただけると思います。

これはツール・ド・東北だけの問題ではありません。やはり復興支援のために同じ地域で行われているリボーンアート・フェスティバルでも同じ問題に直面していますし、他地域でも大型のイベントを行おうとすれば状況は同じです。国体が行われる地域では民泊が行われてきたという全国の歴史がそれを物語っています。

地域振興のためなどに企画されるイベント等を可能にするためには、一時的に爆発的に増える宿泊需要に対応できる仕組みが必要なのです。

イベント等を可能にするためには一時的に爆発的に増える宿泊需要に対応できる仕組みが必要

有償の民泊は旅館業法で認められていないため、無償の民泊で対応

民泊の実施に立ちはだかったのは旅館業法でした。石巻市のある宮城県の担当者と相談しましたが、旅館業に該当するので対価を受け取って宿泊させることは認められないという回答でした。つまり、お金を受け取って泊める場合には、旅館業の許可を取得し、フロントを備えるなど旅館として必要な施設を設けるといった旅館業法上の要件を満たさなけ

ればならないということです。

これは、一般の家庭にはできない相談です。そこで、やむを得ず初年度は、協力いただけるご家庭に無償での民泊をお願いし、結果としては1年目から民泊を実施できました。2013年は32のご家庭が部屋を提供してくださり100名が宿泊しました。

アンケート結果を見ると、ツール・ド・東北の民泊は宿泊場所を提供したご家庭にも、宿泊した選手たちにも、とても好評でした。

「いらしたご夫婦が今年結婚式をあげたとのことで、お赤飯を作りお祝いしました。来年も泊まりたいとのこと。お二人を娘夫婦のような感じでこれからも見守っていきたいと思います」

「事前に連絡はとっておりましたが、民泊当日はどのような方が宿泊するのかドキドキ、ハラハラでした。しかし、宿泊者は気さくで明るい皆様で安心しました。疲れているにもかかわらず、震災当時の話を一生懸命に聞いていただき、楽しい夜をすごしました。お別れのときに握手をしたら寂しい気持ちになり、涙があふれてきましたが、また来年も会えることを約束して、いつまでも手を振りました」

というような感想を、宿泊を提供したご家庭からいただきました。

宿泊をした方々からの感想も次のような好意的なものでした。

「民泊では現地のご家族にとてもよくしていただき、大変よい思い出になりました。参加者が現地の宿泊施設を潤すことも大事ですが、こんなふうにふれあいができるのもよいなと思います」

「今回思いがけずのおもてなしをいただきましたが、それなしでも宿泊先で現地の方と名前を呼び合い、ゆっくり触れ合える機会はとても貴重だと感じました。宿泊提供の方々にご迷惑にならないような形で、今後も民泊の取り組みを続けていただけたらと思います」

そして、2014年に実施したアンケートでは、宿泊場所を提供したご家庭の93%が翌年も引き続き民泊を提供したいと回答しており、宿泊した選手たちの76%が宿泊に満足しているという回答でした。中にはやや不満という回答もありましたが、それは宿泊先に対する不満ではなく宿泊先の選択数が少ないことや、申し込みの時期が遅すぎることなどに対してでした。

ツール・ド・東北の民泊は提供側にも宿泊側にも好評だった

有償の民泊実施を目指して規制改革会議に要望を提出

このような反響の中で、宿泊した方々から、おもてなしをしてもらったのに無料なのは申し訳ない、という声があがっていました。

旅館業法はイベント型の民泊を想定してはいない

泊まった人の気持ちの負担や、泊めた人の経済的な負担が大きければ、この仕組みは長続きしません。何とか有償の民泊を実施しなければという気持ちを強くしました。

課題の中心は旅館業法の解釈にありました。法律の文字を狭く解釈すれば、民泊も旅館業に該当すると考えることはできます。しかし、それぞれの法律には、その法律ができた理由もあれば、背景もあります。果たして、旅館業法ができた当時、イベント型の民泊というようなものは想定されていたのでしょうか。

もしそうでないなら、旅館業法は適用されるべきではありません。旅館業法を読む限り、旅館業者にさまざまな要件を課しているだけではなく、宿泊を申し出た人には宿泊サービスを提供しなければならない義務を課してもいて、広く一般に安心して宿泊サービスを提供することを前提としていることがわかります。

場合によっては申し出があっても宿泊サービスを断ることを選択しつつ、宿泊する方を家族のように迎えて自宅の一部に宿泊させるという形態を旅館業法が予定していたとは考えられません。そういったものに旅館業法を適用すべきかどうかは、解釈にかかっています。しかし、2年目も宮城県との折衝は不調に終わり、その年も無償で民泊を実施しました。

そして、3年目の民泊の実施について宮城県から新しい提案が来ました。1回に限って行うのであれば有償であっても旅館業には該当しないとして実施してもよいが、翌年の

２０１６年の有償民泊は禁止するというものでした。

このような状況に至ったため、県の担当者との折衝とは別のアプローチを模索しようと考え、規制改革会議に要望を提出しました。そして２０１５年2月12日に規制改革会議地域活性化ワーキング・グループのヒアリングに呼ばれました。

コラム

シェアリングエコノミー

規制改革会議に呼んでもらった当時は、地域のイベントのための民泊のことを中心に取り組んでいました。一方、世の中では民泊に限らず、シェアリングエコノミーという新しいビジネス形態に注目が集まっていました。

ルール作りという観点からは、地域イベントのための民泊だけではなく広くシェアリングエコノミーの基礎としての新しいルールを考えるというアプローチもあったと思います。しかし、私たちはその選択はしませんでした。

一番大きな理由は、シェアリングエコノミーという考え方が果たして将来によい結果をもたらすものなのか、そうではないのかという点で確信を得ることができなかったからです。

シェアリングエコノミーとは、個人や企業などが所有する遊休資産などを他の人に提供したり共有したりすることによって、貸し主は対価として収入が得られ、借り主は所有することなく必要なときだけ活用できるという利便性が得られるというものです。空き家の数が増えている状況や、車の利用率が数%程度という状況などから、より有効に資産を活用できると言われています。

本当にそう期待できるのでしょうか。確かに、多くの遊休資産が活用されることは有益です。しかし一方では、遊休資産の活用によって新たな資産の取得や消費が生まれなくなるということも考えられます。そういったことも考えると、経済全体にはどのような影響があるのでしょうか。

また、シェアリングエコノミーという考え方は必ずしも新しいものではありません。たとえば、日本では昔から入会権というものが存在しています。入会権というのは、明治に近代法が確立する前から、村有地や藩有地の山林で薪炭用の間伐材や堆肥用の落葉、山菜などを村民が利用していた慣習に由来しているものです。明治時代になって所有権という概念が明確となり所有者が登録されても、その上に存在していた入会権は民法上認められてきました。

入会権は、まさにシェアリングエコノミーです。所有者と利用者とのバランスが取れているだけではなく、既存のビジネスとの競争のための手段でもありません。

しかし、今、注目されているシェアリングエコノミーはどうでしょうか。新しいビジネスの可能性は否定していませんし、新しいビジネスモデルとして関心もあります。しかし、シェアリングエコノミーを広げるためにも、もう少し市場や経済への影響などを分析する必要があると思います。たとえば、自家用車によるシェアリングエコノミーというビジネスが発展した場合、日本のタクシー業界が担ってきた不況時の雇用の受け皿としても機能し得るのでしょうか。また、適正な価格の維持も可能なのでしょうか。

日本ではタクシー業参入の規制緩和を行った際に、競争が激化しタクシー運転手の賃金の低下が起こったという歴史があります。参入が容易な業界になれば競争が激化することは避けられないところですが、適正な価格確保ができなければ産業は崩壊します。

遊休不動産を利活用する民泊にも課題はあると考えています。一定の資本を投下してビジネスをしている旅館の方々とは異なる顧客を対象としているのかどうかが懸念点です。もし、同じ顧客を対象としているのであれば、価格競争力の点では資本投下をしてビジネスをする旅館業がかなうわけはありません。

ルールは特定の人や特定の業界、企業のためのものではないのです。社会全体のためになるという確信がないものを手がけるのには慎重な立場を取るべきです。

しかし、どのように考えるかは人それぞれです。新しいものにチャレンジして取り組んでいく姿勢も重要だと思っています。その意味で、新しくできた「住宅宿泊事業法」が活用されていくことに大きく期待しています。

規制改革会議でツール・ド・東北の民泊に絞って意見を述べる

規制改革会議ではツール・ド・東北の民泊に絞って意見を述べました。意見の概要は次の通りです。

一点目は、ツール・ド・東北のようなイベント時の有料の民泊は、提供者にとっては無理のない実施が可能となるというメリット、地域にとっては宿泊施設の少ない地域でも観光を産業にできるというメリット、利用者にとっては相対的に低価格での宿泊が可能となる上、地域の人とも交流ができるというメリットがあるという点です。

二点目は、イベント民泊を適法に行うための解決策として、一定の場合には旅館業法の適用がされないことを明確化するか、旅館業法の改正をするかという二つの解決策があるという提案です。

旅館業法が適用されないとするケースについては、宿泊費として実費程度しか受け取らない場合、イベント等により一時的に増加した旅行者を宿泊させる場合、宿泊施設が著しく少ない地域において実施する場合に限る、という案を提起しました。
もし、旅館業法を改正するのであれば、次のような点が必要だと述べました。

①旅館業法に民泊の定義として「一般の家庭が対価を受領して、家人が通常使用している家屋に宿泊希望者を宿泊させるものであって、家人と同じ食事を提供するものを民泊とする」を追加する。

②民泊の実態に照らして都道府県の許可を求めることは一般家庭にとって負担が大きいため、届出等の簡素な手続きとすることを考慮する。

③施設基準を緩和する。

④通常使用している家屋に宿泊させることを要件とすることとし、延床面積基準、浴室規制（男女別の浴室の確保義務で宮城県が課しているもの）、玄関帳場の設置義務などは設けない。

⑤一般家庭にとって不安のある宿泊者を宿泊させないため宿泊義務を課した5条の対象から免除する。

⑥犯罪抑止の観点から捜査機関に事後的に協力できるよう、宿泊者名簿の備え付け義務は維持する。

二つの解決策を用意して選択肢を広くする

二つの解決策を提起した理由は、選択肢を幅広くしておきたかったからです。もし行政解釈によって実施が可能となるのであれば、最速に結果を得ることができます。そして、万一、行政解釈による対応がかなわなかった場合には、抽象的に法改正を求めるというよりも、具体的な案を示すことが重要だと考えていました。

コラム

旅館業法の内容

旅館業法を変えるのであればという提案をしたお話をしましたので、旅館業法にはどのような規定があるのかについてもお話ししておきます。

まず、旅館業を経営する場合には都道府県知事から許可を受けなければなりません。また、営業施設の換気、採光、照明などは都道府県条例が定める基準に従っていなければなりません。

たとえば東京都条例を見ると、浴室、脱衣室、洗面所、便所等の照明は二十ルクス以上であること、浴槽は、一日一回以上換水し、清掃すること、脱衣室等にクシ、コップ等を備え付ける場合には宿泊者ごとに取り替えること等々、細かい基準が定められています。

さらに、厚生労働省の通達「旅館業における衛生等管理要領」では「フロント」(玄関帳場)を設けることなども定められています。

　そして、宿泊者名簿を備え、これに宿泊者の氏名、住所、職業その他の事項を記載しなければならないことになっています。また宿泊に関しては、旅館業を営業する場合には法律で定める理由に該当しない限り宿泊を拒んではならないとされています。

　宿泊を申し込んでくる不特定多数の人々に、いつでも清潔で安全な宿泊場所を提供するために旅館業には厳しい基準が定められているのです。

　これをそのまま普通の家庭で受け入れるイベント民泊の基準としてしまうには厳しい面が多く、細かい営業施設の基準などを外す必要があるというのが、規制改革会議に行った提案です。イベント民泊は普段使っている居室をそのまま利用することを前提としていますので、自分たちが居住する場所として払っている安全面、衛生面の配慮以上の厳しい基準を求める必要はないのではないかと考えたのがその理由です。

規制改革会議から閣議決定へ

規制改革会議ではヒアリングの後に検討が行われ、平成27年6月16日付の「規制改革に関する第3次答申」に次のようにまとめられました。

「小規模宿泊業のための規制緩和

a　イベント等を実施する際の「民泊」における規制緩和【平成27年度措置】

自宅に有償で宿泊させる場合、一軒ごとの家庭で旅館業法の許可を受け、旅館業法や旅館業法施行令、及び各自治体の条例で定める構造設備等を備える必要がある。しかし、例えば、時期限定（1回2～3日）ではあるが、継続的なイベント（年に1回、数年程度）等を実施し、一時的に増加した旅行者を宿泊させる場合にあっても、旅館業法の許可が必要であるだけでなく、33㎡以上の客室の延べ床面積を求められるほか、条例によっては玄関帳場の設置を求められるなど、一般住宅ではクリアすることができない構造設備に係る規制が多いとの指摘がある。

したがって、イベント開催時であって、宿泊施設の不足が見込まれることにより、開催地の自治体の要請等により自宅を提供するような公共性の高いケースについては、旅館業法の適用外となる旨を明確にし、周知を図る」

続いて、6月30日に閣議決定された「規制改革会議」でも、次の記載がされました。

「イベント開催時であって、宿泊施設の不足が見込まれることにより、開催地の自治体の要請等により自宅を提供するような公共性の高いケースについては、旅館業法の適用外となる旨を明確にし、周知を図る」

旅館業法の解釈の変更で対応すべしという結論でした。そして、ここまで来れば大丈夫だろうと考えました。

「イベント民泊ガイドライン」が思わぬ障害となる

閣議決定を受けて2015年7月1日付で厚生労働省健康局生活衛生課から都道府県、政令市、特別区の生活衛生担当課に宛てて事務連絡の文書が出されます。イベント開催時の旅館業法上の取り扱いについては、「年1回（2〜3日程度）のイベント開催時であって、宿泊施設の不足が見込まれることにより、開催地の自治体の要請等により自宅を提供するような公共性の高いものについては、「反復継続」するものではなく、「業」に当たらない」という内容でした。

○○業に該当するかどうかは○○という行為を繰り返し継続して行うかどうかによるというのが法律的な考え方です。そこで、旅館業の場合には、料金をもらって宿泊させる行為を繰り返し継続して行うことを指すので、年1回のイベント開催時に提供するようなものは該当しないということが書かれています。

これは、それなりに踏み込んだ解釈でした。先ほど、○○という行為を繰り返し継続して行うと言いましたが、正確には1回だけの場合でも繰り返し継続して行う意思があれば「業」に該当するというのが一般的な解釈だからです。その意味では、閣議決定を受けて解釈基準を一般的解釈からは変更したと言えます。

しかし、その後に問題が待っていました。

より実務対応を進めやすくしようとして、厚生労働省と観光庁に対してイベント民泊についてガイドラインを作成するように強く働きかけをした議員がいます。その議員の働きかけもあって、2016年4月1日に厚生労働省と観光庁が一緒に「イベント民泊ガイドライン」を公表しました。

ガイドラインは、各自治体がイベント民泊を積極的かつ円滑に実施できるようにし、イベント民泊の他地域での普及を推進することを目的として、イベント民泊を実施する自治体において行うべき手続きの内容や手順、留意すべき事項等をまとめたものです。

その中に、働きかけをしてくれた議員も予想しなかった一文が入っていました。予想外の事態でした。

ガイドラインには「一施設については、年に1回」という条件が含まれていたのです。これでは、一つの地域内で複数のイベントがあったとしても一つの家庭で実施できるのは年1回だけになってしまいます。

民泊は協力いただける家庭があって初めて成り立つものですし、対象となる地域の全家庭が参加するようなものではありません。一つの地域で行われるイベントが年1回とは限りませんから、自ら進んで民泊を提供しようとする方の数を考えると、1家庭1回という制限では宿泊先不足の解消は期待できません。いったん出されてしまった民泊ガイドラインとどう取り組むかが、次の課題でした。

国と自治体の考え方の違いに挟まれる

ガイドラインは法律や政令ではなく、観光庁の観光産業課と厚生労働省の生活衛生・食品安全部生活衛生課から各都道府県に示されている事務連絡の文書にすぎません。したがって厚生労働省内の判断で変更することは可能です。

しかし、実際に1家庭1回という制限が削除されたガイドライン改正が行われたのは2017年7月10日と、改正までに1年以上を要しました。

私たちも厚生労働省と協議をしましたが、厚生労働省は、ガイドラインは法令ではないので、地方自治体の判断で1家庭1回を超えてもただちに問題となることはなく各自治体の判断に委ねるとしていました。確かに旅館業法の運用は自治体に任せられているものなので、考え方としては正しいと思います。

しかし、自治体の担当者からすれば法律を所管している省庁から示された解釈基準がある以上は、それに反するような判断はできないと考えるのも当然だと思います。

国と自治体の真ん中に入って調整を試みたのですが、この二つの考え方の間に挟まれてしまいました。実務を動かすには、こういったコンフリクトを避けて通ることはできません。もちろん折衝は繰り返しましたが、やはりガイドラインを改めてもらうことが必要ではないかという結論になりました。

ガイドライン改正に向け、国会議員に働きかける

省庁への働きかけとしては直接の折衝が大切であることは言うまでもありません。しかし、ときとしてそれだけでは不十分な場合もあります。

イベント民泊の場合には、国会議員の方々に話をすることにしました。民泊実施をス

ムースに行うためにガイドラインが必要だと強力に要請をした議員に、結果として出されたガイドラインが議員の意図したことを反映していないことを説明しました。当然のことながら、とても驚いて、早速修正をするように働きかけを開始していただけました。

同時に、他の多くの議員にも課題として理解いただきたいと考え、ツール・ド・東北の視察に訪れた自転車活用推進議員連盟の議員の方にも事情の説明をしました。話をした皆さんが理解を示してくださったのは、とても心強いことでした。

最終的にガイドラインの改正がなされたのは、最初にガイドラインを作るように働きかけをした議員が継続して改正への働きかけをしてくださった結果だと思っています。1年以上も省庁に働きかけを続けるということは、時間も労力もかかることです。わずかな修正であっても必要だと信じることを継続する国会議員がいることは、この国にとって重要なことです。

どんなに小さなものでも、ルールを変えるべきものは取り組むことが重要

ガイドラインの修正によって、ようやくイベント民泊についての1家庭1回という旅館業法解釈の課題は解決に至りました。この章の最初に触れた住宅宿泊事業法という新しい法律の成立に比べれば、イベント民泊の話は小さなものかもしれません。**しかし、どんなに小さいものであっても法律の趣旨に照らして狭すぎる解釈（ルール）を変えるべきものは、一つひとつ解釈を変えるべく取り組んでいくことが重要だと思います。**それが、次の

解釈を変えていくことにつながるからです。

残された「入れ替わり禁止」問題

ツール・ド・東北の民泊は、２０１４年は59家庭に１８５名、２０１５年は70家庭に１９６名、２０１６年には61家庭に１９３名が宿泊という具合に順調に運営することができてきました。ガイドラインの修正により、さらに運営しやすくなると期待しています。

しかし、修正されたガイドラインにもまだ残されている問題があります。「入れ替わり禁止」問題です。

「入れ替わり」というのは、イベント期間中に同じ家庭が、ある日はＡさんという人を宿泊させ、別な日にはＢさんを宿泊させることを言います。

厚生労働省は、イベント民泊に旅館業法を適用しない条件として、同一のイベントについては宿泊者の入れ替わりがないことを掲げています。つまり、一つの家庭がＡさんを泊めた場合、その家庭は別な日にＢさんという宿泊者は受け入れてはいけないということです。反復継続して宿泊を提供してはいないということを明確にするためというのが理由です。

この基準であっても、ツール・ド・東北のように開催期間が短いイベントでは問題は生じません。1泊か2泊できればイベントの始まりから終わりまでいることができるからです。しかし、開催期間が長いイベントでは問題が生じます。

たとえば、石巻市を中心として開催されているリボーンアート・フェスティバルというイベントがあります。復興支援を目的としたイベントで、国内外の現代アーティストたちの作り上げた作品の展示、さまざまなスタイルの音楽イベントの開催、国内外の有名シェフたちによる地元の食材を使った食事を楽しむという複合的なイベントで50日以上の期間にわたって開催されています。

そして、地方創生を目的として、同じような長期間のイベントは他の地域でもとり行われています。

このようなイベントで宿泊場所を確保していくためには、「入れ替わり禁止」が大きな障害となっています。

同じ家庭が、何回かにわたって違う宿泊者を受け入れることができなければ宿泊場所不足が簡単には解消できないからです。

せっかく「住宅宿泊事業法」ができたのだから、その法律で対応すればよいのではと考える方もいるかもしれません。確かに、年間180日以内の宿泊であれば住宅宿泊事業法に基づくサービスも提供可能です。

ただし「住宅宿泊事業法」に基づいて宿泊サービスを提供するためには、都道府県知事への届出が必要となりますし、衛生確保措置、宿泊者名簿の作成と備え付け、宿泊事業をしている旨の標識の掲示などを行わなければなりません。現在のイベント型民泊で宿泊場所を提供しているご家庭の実情や実際にイベント型民泊で得ることができる収益に照らすと、「住宅宿泊事業法」に従った形態を求めることは負担が大きすぎます。

複数のイベントに対して民泊を1回ずつ提供することが業に該当しないということは、時期が近接したイベントに対して民泊を提供することを認めていることになります。今週はAというイベントのために民泊を提供し、来週はBというイベントのために民泊を提供することは可能です。しかし、同じイベントのために今週と来週、それぞれ民泊を提供することは旅館業に該当するというのが今のガイドラインに書かれていることです。

この両者はどこが異なるのでしょうか。

住宅宿泊事業法は年間180日以内という提供を可能とするためのルールです。つまり、宿泊を生業とすることを基本的には想定しているものです。旅館業法も旅館を生業とすることを原型として想定しています。

民家が負担のない範囲で地元のイベント開催を支え、遠方から訪れた人々と交流をして地縁を作っていくというイベント型民泊は、民泊を生業にしていくことは想定していません。本来、旅館業法に言う「業」の解釈基準は、このような基本的な立法趣旨から導かれなければならないものと思います。

これらの点を踏まえつつ、私たちは引き続き「入れ替わり禁止」問題に取り組んでいかなければならないと考えています。

今後も民泊に関するルール変更は続く

今まで、イベント型民泊のお話をしてきました。また、「住宅宿泊事業法」が成立したこともお話ししました。しかし、ここでお話しした以外の課題はすべて解決されているのでしょうか。

実は、実質的に有償で宿泊を伴うサービスを提供しているものは他にも存在していいます。たとえば、その一つがホームステイです。こういったサービスをどう考えていくのか、社会全体でどのような宿泊関連サービスが行われているのかを一度調査して整理する必要があるのかもしれません。

また、イベント民泊のガイドラインは食品衛生法の取り扱いについては触れていません。宿泊者に飲食を提供するには、法令を文字通りにだけ読むと条例での許可が必要とな

平成25年 食中毒発生による患者数（厚生労働省食中毒統計より）

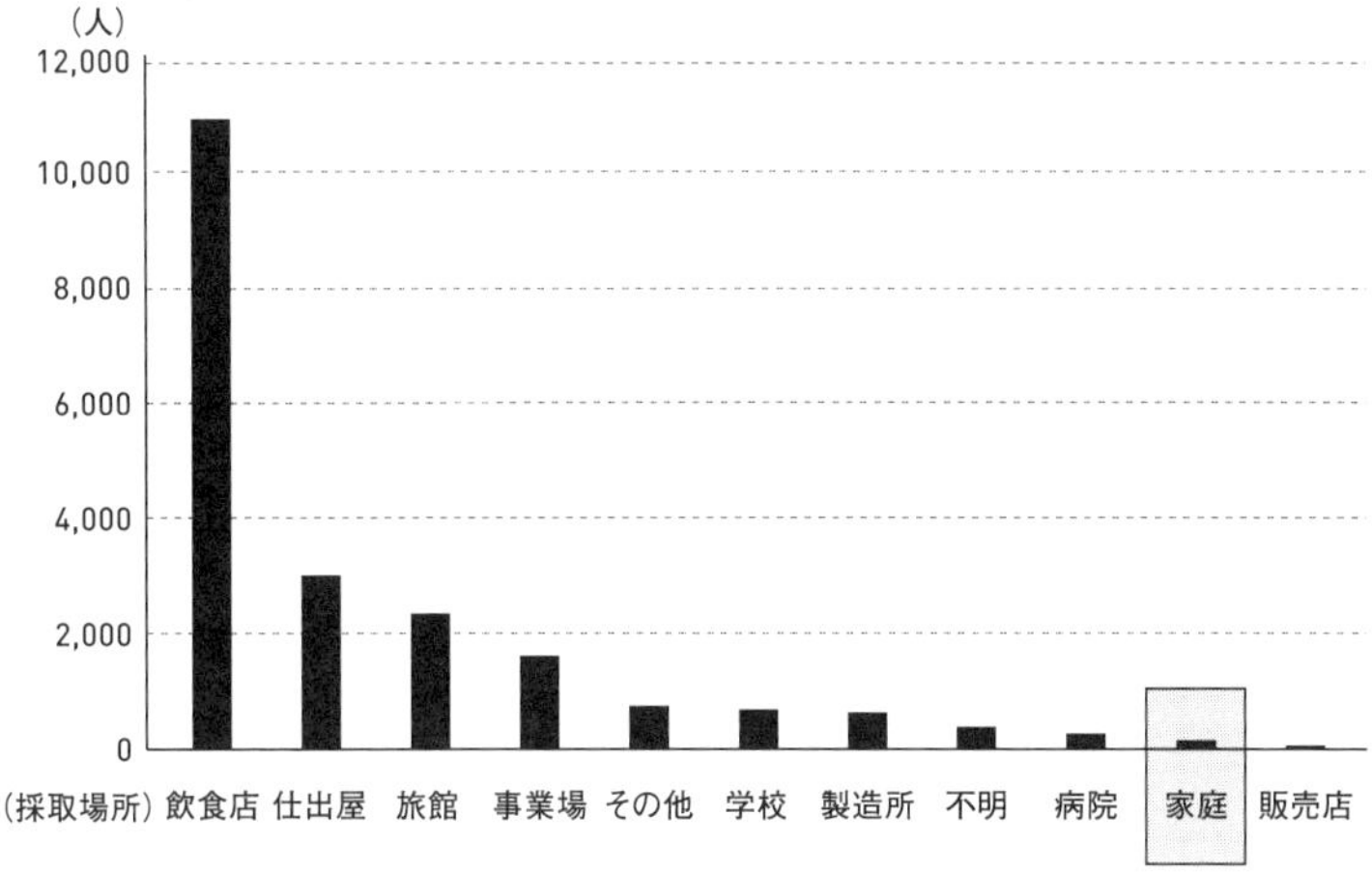

るのですが、イベント民泊の場合にそれをどう考えるかが課題です。

規制改革会議のヒアリングに呼ばれた際に、食品衛生法についても触れました。上のグラフは規制改革会議に提出した資料に入れたものですが、食中毒の発生による患者数は、平成25年度の厚生労働省の食中毒統計から見ても、家庭での発生は皆無ではないものの非常に低い件数です。

民泊ではその家の人と同じ食事が提供されるので、家庭で一般的に守られている衛生基準がそのまま適用されることになります。

であるとすると、営業として第三者に飲食物を提供する場合と比較するのではなく、家庭での食中毒発生件数を基本に規制をするかどうかを検討すべきです。

他にも考え方はあるかもしれません。いずれにしても、旅館業法に限らず関連する法令について検討をしていかなければ、まだまだ安心して民泊を実施することはできないのです。

まだまだ、民泊についてのルール変更は終わっていません。

最後に失敗談です。イベント型民泊に取り組む前に、保養地にある別荘を使用していない期間、他人に宿泊をしてもらうというサービスを別荘所有者向けにビジネス展開する事業者と提携しようとした時の話です。このときに想定していた形態のものは、既存の旅館業とのコンフリクトも大きくはないと考えていたのですが、自治体や地元の関係者との丁寧な折衝ができなかったために、うまくいかなかった例です。

その時の経験は「ヤフーニュース個人」に記事として掲載してあります。

(https://news.yahoo.co.jp/byline/naoyabessho/20140626-00036781/)

この文書を書いたのは事件の直後でしたので、省庁の対応を批判するような書き振りになってしまっていますが、解釈論で詰めるのであれば、もっと丁寧に時間をかけて調整をしなければならなかったと反省しています。

ルールを変えるには、変えようと考えた当事者が最後まで意志を貫徹させなければならず、現場から離れて意見だけを述べていても現状を変えることはできないのです。

第６章で説明したガイドライン改正までの道筋

１　ツール・ド・東北でのイベント型民泊に関して旅館業法を適用しないことを希望し宮城県と折衝するが、不調に終わった。

２　規制改革会議に要望を出し、「規制改革会議地域活性化ワーキング・グループ」のヒアリングに呼ばれた。そこでイベント民泊を適法に行うための解決策として、旅館業法が適用されないことを明確化するか、旅館業法の改正をするかという二つを提案する。

３　規制改革会議で検討され、「規制改革に関する第３次答申」に、イベント型民泊における規制緩和として旅館業法の適用外になることを明確にすることが記載され、続いて閣議決定もされた。

４　閣議決定を受けて厚生労働省健康局生活衛生課から都道府県、政令市、特別区の生活衛生担当課に宛てて事務連絡の文書が出された。

5 ←

議員の働きかけにより、厚生労働省と観光庁が一緒に「イベント民泊ガイドライン」を公表したが、この中に「一施設については年に1回」という予想外の一文が含まれていた。これでは宿泊先不足は解消できないため、このガイドラインへの対応が必要となった。

6 ←

厚生労働省は「自治体の判断に委ねる」とし、自治体の担当者は「法律を所管する省庁から示された解釈基準に反する判断はできない」と考える。両者の考え方に挟まれ、調整が難航したので、ガイドライン改正に向けて動くことにした。

7 ←

ガイドラインを要請した議員に改正の必要性を説明した。

8 ←

議員の1年以上の働きかけにより、厚生労働省によってガイドライン改正が行われた。

第 7 章

偽ブランド品がネットオークションに出品されてしまう

ハードローとソフトローの選択をする

↓

あえて法改正ではなく業界の自主基準で対応する

ルール作りという視点からは、この章を通じて、法令と言われるハードローと自主規制と言われるソフトローについて触れ、ソフトローの果たす役割について述べたいと思います。

「ハードロー」と「ソフトロー」

この章を読み進めていただくために、最初に「ハードロー」と「ソフトロー」とは何かについて簡単に説明しておきましょう。

ハードローというのは法律や政令、条例のことを言います。ハードローに従わない人に対しては、国や地方自治体が、裁判所などの判断を通じてルールを強制的に執行できます。**ソフトローというのは業界の自主基準などのように法的拘束力がなくても社会規範として拘束感をもつもののことです。**ルールではあっても、裁判所などの強制的な実行を行う主体が基本的にはありません。

強制力という点ではハードローは優れていますが、ルールを制定するためには議会の承認などの手続きが必要であり、柔軟に対応ができないという難点もあります。ソフトローは強制力が弱いという難点がありますが、ルール作りが柔軟にできるところは優れていま

まずソフトローを作り、それが守られなければハードローを制定する

す。

そのため、企業活動などを対象としたルール作りを考える場合、ソフトロー作りを進めた上で、ソフトローが守られないのであればハードローを制定するという戦略を立てる場合があります。

一般的にペナルティが大きなハードローは、規制を守るためのコストが高くなり、コスト構造が大きく変わる場合には、企業は価格への転嫁を余儀なくされる場合もあります。しかし、企業活動という観点からは消費者に過大な負担をかけることは避けたいところです。

したがって、企業活動を規制する場合には、規制コストを抑えるためにソフトロー作りを進め、遵守する方向に動くことになります。社会全体の効用という面からも、低いコストで規制ができるほうがよいと言えます。

さらに、ハードローとソフトローの組み合わせというのもあります。ハードローとソフトローの組み合わせでは、ソフトローを守らない者に対してのみペナルティを課すというハードローを制定するというものです。

たとえば、個人情報の保護に関する法律（個人情報保護法）における業界自主ルールがあげられます。業界ごとに取り扱う個人情報の種類や取り扱いの方法は千差万別であるた

め、個人情報保護委員会が統一的に詳細なルールを作る代わりに業界ごとに「認定個人情報保護団体」を作り、事情に合った自主ルールを作っています。

認定個人情報保護団体は、トラブルが起きたときなどに個人情報保護委員会に代わって企業から報告を受けたり、企業を指導したりします。そして、国は個人情報保護団体を認定することと、その団体が適切に活動をしているかを監督し問題があれば認定を剥奪する権限を持っているという関係に立っています。

このように、ハードローとソフトローそれぞれの優れた部分を補完的に考えていくことがルール作りでは重要になります。

知的財産権を侵害する出品物は放置しておけない

ここでは、知財推進計画の中で法改正の提案がなされたものに対して、自主規制というソフトローで対応することの有効性を示し、法改正に変わるルールを作り上げた経験についてお話しします。

知的財産戦略本部が決定する知財推進計画の影響力が大きいことは検索エンジンについての第3章で述べた通りですが、私にとって知財推進計画との最初の関わりはネットオー

知的財産権侵害品の流通は創作者の創作意欲を失わせかねない

クションでした。偽ブランド品などの知的財産権侵害品が多数オークションに出品されていることを、知的財産戦略本部の専門委員会によって問題だと指摘されたのです。

もちろん、偽ブランド品や著作権法違反の出品物を放置しておくつもりはありませんでした。知的財産権侵害品の流通には次のような問題があるからです。

一つ目は創作者たちの権利を侵害していることにとどまらず、創作者たちの経済活動を侵していることです。それは、新しいものを創作していくという意欲を毀損させる結果も招きかねません。

インターネットは本来、さまざまな創作活動を支える手段です。有名なアーティストやデザイナーなどに限らず、多くの人が自由に創作したものを流通させることができます。一方で、そのような創作者たちにインターネットを使って大勢の人々に伝えるためのサービスを提供しているヤフーのような会社は自ら創作したものをほとんど持っていません。つまり、豊かな創作活動をしていく人々の存在なしには、インターネット上のビジネスは存在し得ないと言えます。

私たちは、創作者たちを守ることがインターネット企業の責務でもあると考えているのです。

二つ目は、知的財産権侵害品の流通で潤うのは誰かという問題です。知的財産権侵害品を作って売るということは組織的に行われています。つまり、利益を得ているのは犯罪集団だということです。これを放置しておいてよいわけはありません。

そのため、もともと問題を放置していたわけではなく、権利者団体の方々とも対応を協議し、対策を積み重ねてきていました。権利者から指摘されれば即座に削除できるような仕組みを作り、利用者からの申告を受け付ける窓口を設置していました。

権利者団体▼

たとえば音楽分野の日本音楽著作権協会（JASRAC）や映画分野の日本国際映画著作権協会（JIMCA）や雑誌についての日本雑誌協会などのように著作権を持った人々が権利保護のために活動をしている団体のことを言います。

さらに監視部隊が巡回して、説明文の内容から偽物だと判断できるものや、権利者から開示された情報をもとにして製造されていないものだと判断できるものを削除するということも行っていました。

しかし、そういった対応では、まだ十分ではないという評価でした。

また、知財戦略本部以外でも、自民党議員のブランド時計に詳しい方から出品物を見て偽物が多いという指摘をいただくような状況でした。

コラム

偽ブランドをどうやって見分けるのか？

偽ブランドの出品には特徴があります。それは、出品説明の中で偽ブランドであることを示唆しているということです。購入した人が後から偽物だったとクレームをつけてきたり、捜査機関に被害届けを出したりすることを避けたいというのが理由だと思います。つまり、偽ブランドの取引は売り手も買い手も偽物であることを了解しているということです。

本物であればあり得ないような「Ａ級品」ですというような説明がなされていたりします。偽ブランド品の削除は、このような表示を手がかりに進めていました。また、たとえばブランド会社が製造をしていない携帯ストラップが出品されていれば偽物と判断することができます。こういうケースではブランド会社と連携して情報を得ておくことが必要になります。

このようにさまざまな工夫を重ねて偽ブランド品かどうかを判断し、削除をしていました。

知財推進計画で法改正の必要性が示される

このような背景の下に、知的財産戦略本部に権利保護基盤の強化に関する専門調査会が設置されました。専門調査会では、ヒアリングに呼ばれた権利者団体からネットオークションの出品物を調査した結果が報告されます。

2003年5月30日時点でルイ・ヴィトンのモノグラムと呼ばれているラインのボストンバックのカテゴリーに出品されている数は1288点でした。そのうち1172点が偽造品であり、偽造品汚染率は80%を超えているという内容でした。同時に、偽造品汚染率は常に変化していて2004年2月16日では約62%という報告も行われました。しかし汚染率80%という数字は衝撃的なものでした。

専門調査会の委員からは特定商取引法という法律によって義務づけられている出品者の表示を強化するべきだという意見や、偽物を出品している人の登録情報を権利者が取得できるようにプロバイダ責任制限法を改正すべきだという意見も出されていました。

そして、知財推進計画2004に「インターネットオークションサイト等を通じた多量の模倣品・海賊版の売買及びファイル交換ソフトや技術的保護手段を回避する機器による著作権侵害の問題の深刻さにかんがみ、それに対する取締りを強化するため、以下の項目を含め、2004年度中に、取締方策について幅広く検討を行い、必要に応じ法改正等制度整備を行う」（傍線は著者）という記述が載りました。

もちろん社会問題が多数起きている状況であれば、何らかの対策を講ずることは待ったなしです。何もしなければ法改正がなされる瀬戸際に立たされたのです。しかし、以下のような理由から、法律改正が課題を解決するために最適な対策とは思えませんでした。

課題は、どのようにすれば偽ブランド品などの知的財産権侵害品の出品を減らすことができるかでした。先ほど述べた通り、偽ブランド品などの知的財産権侵害品を売ることは犯罪です。経済犯罪と言われる類型に当たります。そして、犯罪者の目的は利益を得ることです。

つまり、犯罪を犯すためのコストを上げることができれば犯罪の数を減らすことができます。犯罪を犯すことが見合わなくなるからです。

もう一つ考えなければならないことは「犯罪者はルールを守らない」ということです。もともと法律で禁止されている行為を行う人たちですから、法律を守ることは期待できません。すでにルールを破っていて、捕まって有罪になるリスクを冒してまで偽ブランド品などを売っている人の規範意識（規律を守ろうという意識）は、法律の強化だけでは簡単に変わるわけはないのです。

法律改正には実効性が期待できないと思われた

この二つの点を考えてみると、**知財推進計画で触れられていた法改正の方向性ではあまり実効性が期待できないのではないかと思われました。実効性がない規制を強化し続ければ、ルールを守っている一般の人たちの負担だけが増えることになります。**

また、法改正は国会の限られた会期内での審議が必要になるため、少なくとも1年以上の時間がかかるなど、多くの時間が必要ですから、インターネットのように技術進歩が著しい分野では改正作業が技術の変化に追いつけない可能性もあります。

業界の自主規制というソフトローでの対応を選択する

そこで、業界の自主規制というソフトローでの対応を進めることを考えました。

最初に手がけたのは、他のネットオークション事業者と一緒に知的財産権侵害品を削除する共通基準を作成し、監視などの対策を強化することでした。不正な出品が監視によって削除されることになれば、監視の目をかいくぐって巧妙に出品するための工夫が必要になるなど、出品のための手間を増やすことになり、犯罪者にとってのコスト増につながります。

他のネットオークション事業者と共同していくためには、自分たちがノウハウとして築いてきた削除基準を開示しなければなりません。それでも、自主基準を提唱する立場から積極的に進めることにしました。こうして最初の自主ガイドラインが完成しました。

そして、一定の効果も現れてきたため、偽ブランド品が出品されていることを問題視していた議員の方のところに改善状況の報告に行き、事業者として努力を重ねていることを理解いただきました。

そのため、すぐに立法をという状況は回避できましたが、知財推進計画２００５でも、対策を進め、その結果を検証し「さらなる対策の必要性について総合的に検討を行い、必要に応じ法制度等を整備する」（傍線は著者）という記述が残りました。さらに対策を積み重ねなければならないということです。

権利者団体にも働きかけて一緒に知的財産権侵害品の出品を防ぐ対策を進める

そこで、権利者団体に一緒に知的財産権侵害品の出品を防ぐための枠組み作りができな

ネットオークション事業者と権利者が争っていてはいけない

いかという提案を持ちかけました。主要な権利者団体とはネットオークションを開始した直後から長い時間をかけて話を積み重ねてきていて、権利者団体が、より効果的な方法で長期的にも期待できる方策を求めていることを理解していました。

欧米でも同じ時期からネットオークションなどを通じた知的財産権侵害品流通の問題が発生していましたが、欧米では権利者がネットオークション事業者を訴えるというような事態になっていました。

たとえば、読売新聞の２００４年6月22日夕刊にも「偽ティファニーに待った!! ネットオークション大手を提訴」という記事が載っています。ティファニーが米国インターネット・オークション最大手イーベイ社を相手取って、偽ブランド品のネットオークションでの売買差し止めを求める訴えをニューヨーク連邦地裁に起こしたという内容です。

ネットオークション事業者と権利者が争っていては、両者が訴訟対応に追われている間に、監視がおろそかになるなど結果的に知的財産権侵害品を流通させている人たちが取り締まりを逃れ、漁夫の利を得ているような状況になってしまいます。そのような状態に陥ることは日本では避けたいというのが、権利者団体やネットオークション事業者の考えでした。

そこで、２００５年12月に「インターネット知的財産権侵害品流通防止協議会」を権利者団体と一緒に設立しました。ネットオークション事業者、権利者団体に加えて、オブザーバーとして内閣府知的財産戦略推進事務局、経済産業省、総務省、警察庁、特許庁、文化庁、消費者庁に参加を依頼しました。何が起きていて、どのような対策が取られているのかを、官民の侵害品対策の関係者全員が把握していれば、全員で足並みをそろえて対策を進められるからです。

協議会では削除のためのガイドラインを作成しただけではなく、具体的にどのような対策を取ることができるのかという実務面での協議もしています。犯罪者のコストを増やすという視点からは、個別の出品物の削除を進めるだけではなく偽ブランド品などを繰り返し出品する人をどのようにネットオークションから退出させていくかなどを考えなければなりません。

技術的に対応不可能な対策を求められることがないよう、ネットオークション事業者が技術的にどこまで対応可能なのかなども権利者団体に説明を行い現実的な対応を進めました。

中でも重要だと位置付けていることの一つに、毎年、自主的に知的財産権侵害品の汚染率を調査することがあります。

協議会での協議やガイドラインの作成も重要ですが、やはり実際に作成したものが効果を発揮しているかどうかを検証しながら見直していくというフィードバックループを作らなければ意味がありません。

知的財産戦略本部に報告された80％という汚染率の高さが対策を強化すべきという結論を導いたことを考えると、汚染率を下げ続ける結果を示せなければならないということもありました。

汚染率調査は、どのような方法を採用するのが客観的評価になるかということを協議会で定めた上で権利者団体によって実施されています。ネットオークション事業者が汚染率調査を実施していないのは、サービス運営をしている当事者が評価するよりも権利者団体にお願いしたほうが客観性が担保できると考えたからです。

自主基準による取り組みに成果が現れる

協議会の成果は、毎年、知的財産戦略本部に報告をしてきており、２００８年からは汚染率調査の方法について権利者団体との調整ができたため、その結果も報告できるようになりました。

２００８年の報告によると、２００７年1年間を通じてネットオークション事業者が自主的に監視等で発見して削除した出品数は、偽ブランド品で約74万件、著作権侵害品で約

19万件でした。また、権利者からの連絡に基づいて削除した出品数は、偽ブランド品で約3万件、著作権侵害品で365件という結果となり、2005年に比べると偽ブランド品で5万件あまり、著作権侵害品で1万8千件弱も減少していました。

そして、汚染率は偽ブランド品が1・20％、著作権侵害品が0・51％という結果でした。

このような対応を続けてきた結果、現在の知財推進計画では法制度を整備するというのではなく、民間での取り組みを支援するという書き振りになりました。

ところで自主基準というソフトローは、自主基準を守るという枠組みに参加している者にだけ実効性を持つものです。そのため、**自主基準という枠組みを作った際には、その基準で業界全体のどの程度がカバーされているのかということが絶えず問われます。**たとえば、自主基準を作りましたといっても全体の事業者のわずか10％程度しか参加していないとしたら誰の目から見ても十分だとは言えないと思います。

ネットオークションの自主基準の場合には、幸い最初から全体の市場の90数％以上をカバーしていたため、問題にはなりませんでした。**しかし、新たに参入してくる事業者にも参加を呼びかけていく努力は不可欠です。**そして勧誘活動を継続してきている結果、ネットオークション市場のほとんどをカバーし続けていますし、メルカリのようなオークション形式を取らないサービス事業者も参加しています。

残された懸念点は、将来、自主基準の枠組みにも入らず、偽ブランド品などへの対策を

業者は偽ブランド対策を講じなければならなくなっている

講じようとしない事業者が現れてくる可能性です。自主基準の有効性を保つためには、そのような自主基準の外側にいる人たちへの対処も検討しておかなければなりません。

ネットオークションの自主基準では、誰でも偽ブランド対策を講ずることができるようなガイドラインを示しています。このガイドラインの公表によって、偽ブランド品などが取り扱われていることを知っていながら対策を講じていなかった事業者には、偽ブランド品などの出品を幇助したという法律的な責任を問うことができるようになっていると考えています。

偽ブランド品の販売は商標法、著作権侵害品の販売は著作権法にそれぞれ触れる行為で、犯罪として処罰されるものです。そのため幇助の責任は、法改正をしなくとも問うことができるもので、万一、自主基準の枠の外側でルールを守らない事業者が登場しても現行法で制裁を課すことは可能であると考えます。

このような形でソフトローの全体像が完成しました。

「日本方式」を海外にも広めたい

偽ブランド品などへの対策のために作り上げた自主基準というソフトローのあり方を、

インターネット知的財産権侵害品流通防止協議会では「日本方式」と呼んでいます。欧米では、ネットオークション事業者と権利者の間で戦い合っている状況がある一方、日本では両者が協力して偽ブランド品などに取り組んでいるという特徴があるからです。

両者が協力していくために、お互いに確認し合っている項目は次の4つです。

①　両者（権利者とプラットフォーマー）は、互いの立場を十分に尊重した上で、自身の利益のみならず、何よりも消費者の利益を護るために、共通の敵である権利侵害者に対して協同して立ち向かうべきであるとの認識に立つこと

②　権利者は、権利とは自動的に保護されるものではなく、自らエンフォースメント（注：ここでは権利を守るための努力といった意味）を行うべきであるとの認識に立つこと

③　プラットフォーマーは、インターネットの健全な発展のために、積極的に知的財産権の保護に努めるべきであるとの認識に立つこと

④　両者は、対策の推進にあたり、知的財産権を保護する意義と、利用者の営業の自由や通信の秘密が担保されることとの意義を対等に認め、それら両方の価値を毀損しない対応をとるべきであるとの認識に立つこと

（「インターネット知的財産権侵害品流通防止協議会」ホームページより）

そして、汚染率調査という手法を採用し、証拠に基づいて自主規制の有効性を評価する仕組みを取り入れている点も特徴です。これによって、同じ目線で実態を把握し、対策を

ソフトローでの対応のほうが実効性をあげた

進めることができるようになったからです。

ルール作りに際して、ハードローを選ぶかソフトローを選ぶか、あるいはどのように組み合わせていくかを考えることは重要です。

これまで述べたようにネットオークションでの偽ブランド品などへの対応については、一度は知財推進計画の中に法整備（ハードロー）も視野に入れてということが書かれました。しかし、最終的にはソフトローでの対策を講ずることによって、ハードローによるアプローチは行われませんでした。

むしろ、ソフトローでの対応のほうが実効性をあげるということを示すことができたと考えています。

知的財産権侵害への対策は国際的にも課題となっています。条約などの改正時には知的財産権侵害の罪を重くすることや、法執行の強化が協議され続けています。それでも知的財産権侵害はなくなっていません。

多くの国でハードローを前提とした対応が進んでも、奏功しない理由はどこにあるのでしょうか。私たちは日本でのソフトローによる取り組みを「日本方式」として広く海外にも紹介したいと考えて活動を続けています。

第７章で説明したソフトローによる対策の流れ

1

偽ブランド品などの知的財産権侵害品が多数オークションに出品されていることを、知的財産戦略本部の専門委員会によって指摘された。それ以前から権利者団体と対応を協議し、対策を積み重ねてきていたが、それでは十分ではないという評価だった。

2

知的財産戦略本部に設置された権利保護基盤の強化に関する専門調査会でネットオークションの偽造品汚染率が80％を超えていると報告され、知財推進計画2004に「必要に応じ法改正等制度整備を行う」と記載された。しかし、法改正に実効性は期待できないと考え、業界の自主規制というソフトローでの対応を進めることにした。

3

他のネットオークション事業者と一緒に知的財産権侵害品を削除する共通基準を作成し、監視などの対策を強化した。

4

権利者団体に一緒に知的財産権侵害品の出品を防ぐための枠組み作りをすること

を提案し、「インターネット知的財産権侵害品流通防止協議会」を設立した。オブザーバーとして内閣府知的財産戦略推進事務局、経済産業省、総務省、警察庁、特許庁、文化庁、消費者庁に参加を依頼。削除のためのガイドラインを作成したり、どのような対策を取ることができるのかという実務面の協議も行う。

協議会の取り組みにより汚染率が減少し、知財推進計画でも法制度整備ではなく民間での取り組みを支援するという書き振りになる。

第 8 章

プライバシー保護のために「忘れられる権利」を作ることが議論になる

今あるルールで対応できるかどうか検討する

↓

新たなルールを作らないことを選択する

この章では、新しいルールの必要性をどう考えればいいのかということをお話しします。

何かの事象が発生したときに、それを解決するために新しいルールが必要なのかどうかを判断するには、今あるルールがどう適用されるかを正しく読み解くことが必要です。さまざまなルールが適切に適用されてもなお、ルールが不足していたり、実情に合わないものになっているときに初めてルールを作ったり、変えたりするということに取り組むことになります。

逆に言えば、今のルールで十分に対応できるのであれば、ルールを作るための努力の代わりに、今のルールを多くの人々に理解してもらう努力が必要となるのです。

新しいルールを作る前に、どんな課題を解決したいのかを整理しなければならないというお話は前にしました。そして、その課題解決のために今のルールがどうなっているのかを見てみなければなりません。

新しいルールが必要だという意見に対して、よいルール作りという視点からは、新しいルールは必要がないのではないか、今のルールで十分ではないかという働きかけをしていくことがあります。

今あるルールで十分であるときに、さらにルールを作ろうとすれば無駄なコストがかかったり、不要な規制による経済活動の停滞が生じたりします。

今あるルールで十分であるという働きかけも、適切なルール作りのための活動の一つです。

今あるルールで十分だという働きかけも重要

「データを削除する権利」と「忘れられる権利」

ここではプライバシーに関する権利を例に、それを考えてみます。

日本の法律には「プライバシー」という文字はありません。そのため憲法改正についての議論の中には、憲法にプライバシー権を明記すべきだという意見もあります。また、最近ではプライバシーを保護するための権利の一つとして「忘れられる権利」が必要だと主張する人々も登場しています。

しかし、法律の条文にプライバシーという文字がないからといって、果たしてそれが、プライバシーが保護されていない状態と言えるのでしょうか。そして、本当に新しいルールが必要なのでしょうか。

最近の話題の一つとなっている「忘れられる権利」を中心に、新しいルールの必要性があるのかどうかを考えてみたいと思います。

以下の記述には、「データを削除する権利」と「忘れられる権利」という言葉が出てきてわかりにくいかもしれませんが、**「データを削除する権利」は今の法律で認められている権利で、「忘れられる権利」は今の法律には定めがない新しい権利を指します。**

人格権を侵害するようなデータを削除する権利は認められていて、プライバシー保護は適切に図られています。もし、「データを削除する権利」と「忘れられる権利」が同じことを指すのであれば、紛らわしいだけなので新しい言葉を使う必要はありません。また、もし「忘れられる権利」という新しい権利を作り出したいということであれば、その必要性がどこにあるのかということです。

本章を読み進めながら一緒に考えましょう。

「忘れられる権利」は本当に必要か？

欧州での判決から「忘れられる権利」という言葉が一人歩きする

2014年5月に欧州司法裁判所で一つの判決が出されました。スペイン在住の人が米国グーグル社を相手取って起こした訴訟で、グーグル社に検索結果の削除を命じた判決です。

訴えを起こした人については、社会保障料の支払いを怠ったために不動産を競売にかけられてしまったという事実があります。それが1998年の1月と3月にスペインの新聞に掲載されていたため、掲載から10年以上経ってもその人の名前を入力して検索をすると、その記事へのリンクが検索結果に表示されるということが訴えの原因でした。

この判決は、日本経済新聞の2014年5月14日付の電子版で「個人情報保護の観点から、いわゆる『忘れられる権利』が認められた形だ」と書かれており、「忘れられる権利」を認めた判決として紹介されました。

しかし、判決内容をよく読むと欧州司法裁判所が「忘れられる権利」という表現を用いているわけではないことがわかります。ニュースとしてはわかりやすく伝えるためということだったと思いますが、この言葉が後で一人歩きしてしまいます。

「忘れられる権利」（right to be forgotten）▼

この言葉は、この判決に先立って2012年1月に欧州委員会が公表したEUデータ保護規則案に盛り込まれた言葉ですが、最終的にはこの言葉は適切でないとして削除され、「消去権」(right to erasure) という言葉になっています。不都合なことや、知られたくないことを忘れてもらえる権利ではなく、単にデータを消去してもらえる権利ということです。

この権利について「そのデータの対象となった人にはデータをコントロールする権利

があるという視点から認められているもので、「プライバシー保護のための権利」と説明する人がいますが、プライバシーとの関連を問わず単にデータを消去してもらえる権利である以上、それは誤解があります。

2014年の5月から12月までの間に「忘れられる権利」という言葉が出てきたニュースは、テレビ、全国紙、地方紙を合わせて163本（ジー・サーチの新聞・雑誌記事横断検索の結果より）になります。特に5月は欧州の判決が出されたこともあり29本の記事が掲載されました。

欧州の判決が世界中から注目を集めたこともあり、各国ではどうなのか、ということが学者の間では議論され始めていました。しかし、日本におけるプライバシー保護の状況については海外ではあまり知られていません。

以前、欧州での個人情報保護についての制度改正の話を欧州当局の方から聞く機会がありました。その際に、日本では不法行為法に基づいて民事上は保護されているという話をしたところ、そういう実情をまったく知らなかったというような状況でした。

欧州内で取得した個人情報を欧州の外に持ち出したり、送ったりするには、持ち出す先の国が十分に個人情報を保護していると認められていなければならないというルールがあります。たとえば、欧州に支店のある日本企業が支店の従業員のデータを日本で見たいと考えたとき、このルールにどう対応するかが課題です。現在、日本と欧州の間で協議がなされていますが、日本で適切に個人情報が保護されているという情報が欧州当局の方に伝わっていないということは、大きな問題ではないかと思います。

プライバシー権と表現の自由とのバランスをどう取るべきか

日本ではどのようにプライバシーが保護されてきたのか

海外に向けて日本の状況を発信しておく必要性を感じていた矢先に、２０１４年7月10日から11日にかけて明治大学のキャンパスで開かれたAsian Privacy Scholars Networkの第４回国際会議で日本のプライバシー保護について講演をしないかという話が来ました。

その時の講演で、インターネット上のプライバシー保護、特に「忘れられる権利」と言われるものについて、どう考えているのかをお話ししました。その導入部分を翻訳したものは次の通りです。

「欧州司法裁判所の判決は、プライバシー権と表現の自由とのバランスをどう取るべきかという点において大きな課題を提起しています。１９８０年代は日本で憲法上保証されている表現の自由に関して「アクセス権」というものが課題でした。この権利は、新聞やラジオ、テレビが情報を広く伝える力を持っていた時代に考えられていたものです（「アクセス権」についての議論とは、一般の人々は自分の意見を広く発信する手段を持っていないため、マスメディアにアクセスして発信する権利を認める必要があるのではないか、という議論です）。

表現の自由は民主主義にとって最も大切な権利です。人々が自分自身の政治的な見解を考えるためには他の人々が何を考えているのかを見たり、聞いたり、読んだりすることが保証されていなければならないからです。また、表現というのは話し手と聞き手の両者がなければ存在しないものです。つまり、表現をしたものが誰かに到達する手段がなければならないわけです。

欧州司法裁判所が検索結果の削除を認めたことは、情報が人々に到達する手段を制限したことになります。それをどう考えればよいのでしょうか。

日本の憲法に照らして『忘れられる権利』をどう考えるべきかについて考えてみたいと思います」

この後、講演では日本においてはどのようにプライバシーが保護されてきたのかということを、主に二つの裁判例を中心に説明しました。少し長くなりますが、ここから先の話をご理解いただくために、読んでいただければと思います。

①「宴のあと」事件

日本で最初にプライバシー権というものに注目されたのが「宴のあと」事件と言われる裁判です。「宴のあと」というのは三島由紀夫の長編小説で、高級料亭の女将と東京都知事候補をモデルにしたものです。小説の中では実名は使われていませんでしたが、実話との共通性から読者は誰がモデルであるのかがわかるような内容でした。

そこで、この小説のモデルとなった人がプライバシーを侵害されたとして三島由紀夫と出版社を訴えたというのが、この事件です。

１９６４年９月28日に東京地方裁判所で判決が出されています。裁判の中で三島由紀夫側は、私生活をみだりに公開されないという意味でのプライバシーの尊重が必要なことは認めるけれども、それが法律的な保護の対象となる権利であるかどうかは疑問であると主張しました。まさに「プライバシー権」というものはないのではという課題提起でした。

それに対して裁判所は次のような趣旨の判断をしています。「個人の尊厳という思想は、相互の人格が尊重され、他人の不当な干渉から保護されることによって確実になるものであって、正当な理由がなく他人の私事を公開することは許されない。その尊重はもはや単に倫理的な要請ではなく、法律的な救済が与えられるまでに高められた人格権である。

プライバシー権は私生活をみだりに公開されないという権利として理解されるから、そ

半世紀以上も前に日本ではプライバシーを保護する権利が確立していた

の侵害に対しては侵害行為の差し止めや精神的苦痛に因る損害賠償請求権が認められるべきものであり、民法709条による不法行為に該当すると解釈する」

つまり法律上の条文には「プライバシー権」という文字はないものの、プライバシーが守られる権利は認められるというものです。法律的には、プライバシーの侵害は人格的な権利の侵害に当たるという判断です。

そして判決に書かれているように、お金による損害賠償責任だけではなく、プライバシーを侵害する行為の差し止めが認められるということです。この差し止め請求権が、検索結果の表示で言うと、検索結果の削除請求をする背景となる権利です。

この事件は、三島由紀夫側が控訴しましたが、控訴裁判中に原告であった人が亡くなれて遺族の方と和解が成立していますので、高等裁判所の判断は出されていません。しかし、この東京地方裁判所の判決はプライバシー権を認めた先駆的な判決として理解されています。

つまり**半世紀以上も前に、日本においてプライバシーを保護するという権利が確立していた**と言うことができますし、検索結果を削除するための基礎となる請求権の存在についても触れられていたということです。

②ノンフィクション「逆転」事件

次に前科情報のような過去の事実とプライバシーとの関係について触れた裁判を見てみたいと思います。

この事件は実話に基づいて書かれたノンフィクション作品を巡って起きました。1964年、まだ沖縄が日本に返還される前のことです。米国軍人が沖縄で死傷する事件が発生し4人が起訴されました。裁判は、米国流の陪審員裁判で行われて有罪となり、3人が実刑、1人が執行猶予という判決となりました。

事件から13年後の1977年に、この事件を取り上げた「逆転」という本が出版されます。著者は、裁判で陪審員を務めた人の1人でした。

出版当時、被告人だった4人のうち1人は死亡していました。著者は、存命中の3人のうち2人からは実名使用の承諾を得たものの最後の1人については許諾を得ることができないまま作品の中で実名を使いました。

その最後の1人は、その時には沖縄を離れ、東京で仕事について結婚をしていました。また、勤務先の社長や妻は、彼の前科については知りませんでした。

「逆転」という本は高い評価を受けて大宅壮一ノンフィクション賞を受賞し、出版翌年の

1978年にNHKがドラマ化をしようと企画しました。NHKは東京に来ていた最後の1人を探し出して取材をし、実名を出そうとしました。しかし、最後の1人は実名での放送を承諾せず、NHKに対して放送禁止を求める仮処分を申請しました。裁判は、仮名で放送することで和解が成立しています。

その後、著者に対して慰謝料の請求がなされたのが、この事件です。そして、1994年2月8日に最高裁判所で判決が出されました。

判決では「前科等にかかわる事実については、これを公表されない利益が法的保護に値する場合があると同時に、その公表が許されるべき場合もある」という原則が述べられています。プライバシー保護と表現の自由をバランスして考えるということです。

その上で、「ある者の前科等にかかわる事実を実名を使用して著作物で公表したことが不法行為を構成するか否か」の基準として、次のような判断要素を示しています。

① その人のその後の生活状況
② 事件それ自体の歴史的又は社会的な意義
③ その事件におけるその人の重要性
④ 実名を使用する意義と必要性

の4点です。

そして、この事案については、裁判から出版まで12年あまりの歳月の間、社会復帰に努めて新たな生活環境を作っていること、政治家など公的立場で活動する人物のように前科を公表されることを甘受しなければならない立場にはないことから、著作物として事件や裁判の内容を正確に記述する必要に照らしても、実名を明らかにする必要があったとは言えないとしています。

過去の事実について公表されない権利があるということと、どのような場合に公表されるべきなのかという基準を明確にしたものです。

これらの裁判例を紹介した後、講演では、事実関係の評価次第ではあるものの、新たなルールを作らなくても、日本において必ずしも検索結果の削除が認められないわけではないという話をしました。

講演のために英文で作成したスクリプトが手元にあったことと、会場で英国の大学教授と話をすることができたことをきっかけに、日本の状況を海外で発行されているレポートに載せないかという話もいただきました。

法律的な構成についてはもう少し見直したいと考えてはいたものの、日本でどのようにプライバシー保護がなされているかを少しでも多くの海外の方々、特にプライバシーについて研究をしている方々に理解してもらうことが重要だと思い、レポートへの掲載の話を受けることにしました。

そして、2014年10月のPrivacy Laws and Businessというレポートに Illustration of the right to privacy in Japanという題で日本におけるプライバシー保護の体系についての寄稿が載りました。そのページを上に掲出します。

ANALYSIS

Illustration of the right to privacy in Japan

Japan's legislation already provides similar rights as the ECJ's 'Right to be Forgotten' decision. **Naoya Bessho** reports from Tokyo.

The European Court of Justice (ECJ) ruling on the "right to be forgotten" is not new in substance to Japan's courts. Japan's tort law protects the right to privacy and the key issue is how a court should balance privacy and the freedom of expression – just as described in the ECJ decision. Needless to say, both rights are considered fundamental human rights based on the Japanese constitution and the constitution itself requires balancing them whenever they conflict with each other.

However, the ECJ decision may pose a significant burden to Internet search engines. Balancing between significant human rights is not easy and

that identifies a person by name, address, and so on., the scope of protection is limited. Secondly, the purpose of the Personal Information Protection Law is mainly to regulate the conduct of the entities that deal with personal information so that the information should be dealt with properly; it does not provide any civil rights to an individual to protect privacy. In this regard, in spite of the name of the Personal Information Protection Law, and although the Civil Code provides the right to people to protect their privacy by means of compensation and/or injunctive relief, it is not at the center of privacy protection.

Going back to the basis of privacy

privacy damages. This was the first privacy lawsuit in Japan and became a leading case.

The so-called *Gyakuten* case that deals with criminal convictions introduces 'right to be forgotten' considerations. The Supreme Court ruled on 8 February 1994 that a person may require compensation for the mental anguish that he suffered from the publication if the public interest of publicising the facts is not greater.

Although the court's decision did not state the word "privacy", people interpreted this judgment as a judgment for protecting privacy and it indicates that the record of a previous conviction, i.e. a past fact, should not be

「検索結果とプライバシーに関する有識者会議」を立ち上げる

海外向けに、日本におけるプライバシー保護の状況について発信をする努力をしている最中、米国グーグル社に対して検索結果の削除を命ずる決定がなされました（2014年10

月9日東京地方裁判所決定。自分の名前で検索をすると反社会的勢力と関係があるかのような検索結果が表示され、その結果、金融機関からの融資を受けることができなくなっているとして、検索結果の削除を求めて訴えが起こされたもの）。

「検索結果の一部はプライバシーとして保護されるべきで、人格権を侵害している。検索サイトを管理するグーグルに削除義務がある」というのが裁判所の判断でした。

これまでお話ししてきた通り、基本的な考え方については従来の裁判所での判断の積み重ねの上に立ったものであり、事実関係次第では検索結果の削除を命ずる判決が出されることは予想していました（なお、このケースは後に、一部については本人が取材に応じた際に話していた内容であったという事実認定がなされ、削除の決定が覆されている）。

ところが、多くの人々にとっては削除を命ずるという判断が出されたことが珍しく映り、世の中の注目を集めることとなりました。

ヤフーでは以前から、裁判例をもとにしながら、プライバシー保護と表現の自由のバランスを図っていくという視点で内部的に基準を作成していました。検索結果の削除を求められた場合には、その基準に応じて対応をしてきていましたが、その内容を社外に公表したことはありませんでした。

しかし、世の中の注目が高まってきたことや、何も対応していないのではないかという誤解を生んでいる可能性などを考慮して、11月に「検索結果とプライバシーに関する有識者会議」を立ち上げることとしました。

これまで私たちがどのように対処してきたのかを有識者の方々に説明をして、どのように考えるべきかについて意見を伺うための会議です。有識者会議の結果は報告書として、社外に公表する予定でした。

有識者会議の委員長は、東京大学名誉教授の内田貴教授に依頼しました。日本におけるプライバシー保護は民法を通じてなされてきているので、民法領域の専門家に委員長をお願いしたというわけです。

表現の自由とのバランスも重要であることから、憲法学者として早稲田大学大学院法務研究科の長谷部恭男教授、東京大学大学院法学政治学研究科の宍戸常寿教授にも参加いただきました。また、プライバシーは判例の積み重ねにより保護されてきていることから、裁判実務に詳しい元最高裁判所判事の泉徳治弁護士と、元高等裁判所判事の升田純中央大学大学院法務研究科教授にも委員をお願いしました。

議論は日本におけるプライバシー保護のあり方を前提として、どのように検索結果の表示に当てはめていくのかという点にありました。

プライバシー保護については既存のルールで対応可能

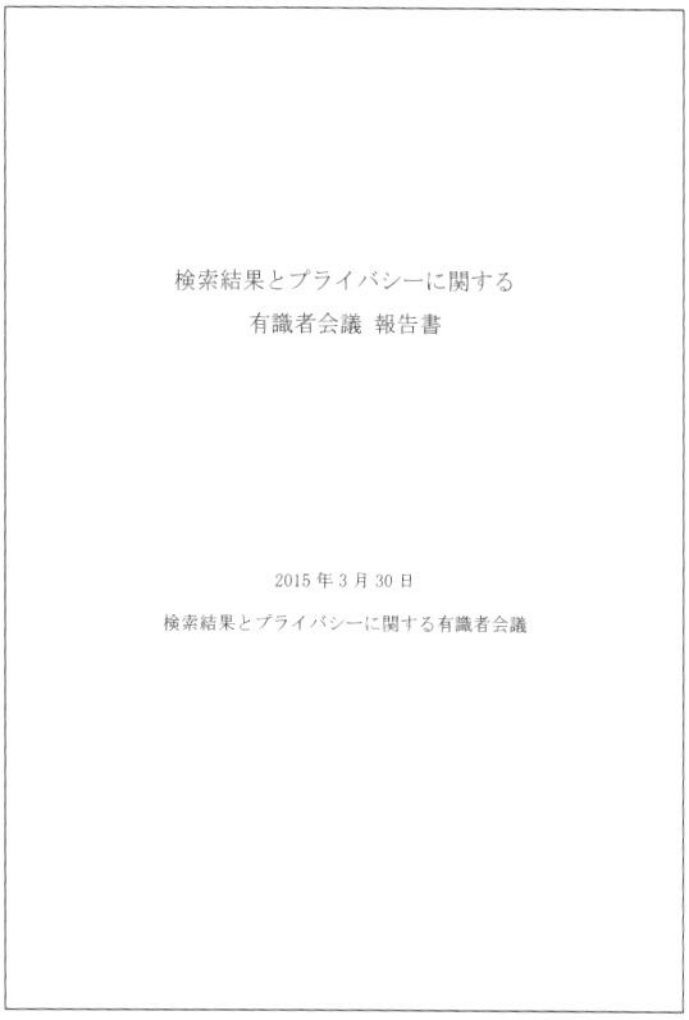
検索結果とプライバシーに関する
有識者会議 報告書

2015 年 3 月 30 日

検索結果とプライバシーに関する有識者会議

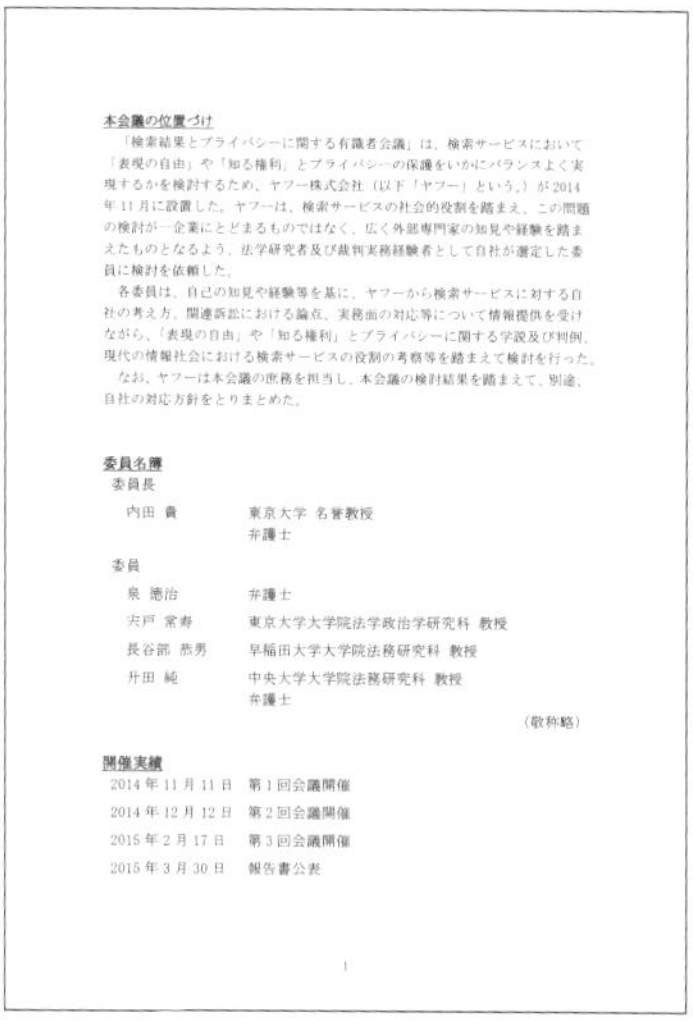
本会議の位置づけ

「検索結果とプライバシーに関する有識者会議」は、検索サービスにおいて「表現の自由」や「知る権利」とプライバシーの保護をいかにバランスよく実現するかを検討するため、ヤフー株式会社（以下「ヤフー」という。）が 2014 年 11 月に設置した。ヤフーは、検索サービスの社会的役割を踏まえ、この問題の検討が一企業にとどまるものではなく、広く外部専門家の知見や経験を踏まえたものとなるよう、法学研究者及び裁判実務経験者として自社が選定した委員に検討を依頼した。

各委員は、自己の知見や経験等を基に、ヤフーから検索サービスに対する自社の考え方、関連訴訟における論点、実務面の対応等について情報提供を受けながら、「表現の自由」や「知る権利」とプライバシーに関する学説及び判例、現代の情報社会における検索サービスの役割の考察等を踏まえて検討を行った。

なお、ヤフーは本会議の庶務を担当し、本会議の検討結果を踏まえて、別途、自社の対応方針をとりまとめた。

委員名簿

委員長

内田 貴	東京大学 名誉教授 弁護士

委員

泉 徳治	弁護士
宍戸 常寿	東京大学大学院法学政治学研究科 教授
長谷部 恭男	早稲田大学大学院法務研究科 教授
升田 純	中央大学大学院法務研究科 教授 弁護士

（敬称略）

開催実績

2014 年 11 月 11 日	第 1 回会議開催
2014 年 12 月 12 日	第 2 回会議開催
2015 年 2 月 17 日	第 3 回会議開催
2015 年 3 月 30 日	報告書公表

1

有識者会議自体は3回ほどの開催でしたが、報告書の取りまとめにあたっては会議日以外に委員の方々のところに何度も訪れたりして十分に内容の確認を行った上でまとめました。そして、２０１５年3月30日に公表しました（上の図）。

この報告書の公表によって検索結果の表示とプライバシー保護の関係の整理ができ、**新しいルールではなく、既存のルールで対応が可能だということが明らかになりました。**

報告書は公表しましたが、その後もいくつかの裁判が続いていました。そのような状況を受けて、総務省が２０１６年12月12日に「インターネット上に掲載された過去のプライバシー関連情報等の取扱いに関するシンポ

ジウム～いわゆる『忘れられる権利』についてのわが国における対応～」を開催していま
す。

シンポジウムでは現状についての説明がなされましたが、表現の自由とのバランスをどう取るかということが簡単な問題ではないということが参加者の間で共有されたのではないかと思っています。

その後、最高裁判所が検索結果の削除についての判断をしました。2017年1月31日に出された最高裁判所の決定です。

検索結果として、プライバシーに関する情報が掲載されているウェブサイトのURL情報を提供することが違法となる場合がある。それは、
① その事実の性質や内容、
② その人のプライバシーに関する情報が伝わる範囲とそれによって発生する被害の程度、
③ その人の社会的な地位や影響力、
④ プライバシー情報が書かれた記事の目的、
⑤ 記事が掲載された時からの時間の経過、
⑥ プライバシー情報が掲載される必要性があったかなど、
を考慮して判断する。そして、プライバシー情報が公表されないことによる利益が、公

プライバシー権と表現の自由とのバランスに一律の基準は作れない

表をすることによって社会が受ける利益よりも優っていることが明らかな場合には、検索事業者は検索結果を削除しなければならない。

これが判決の趣旨でした。

この判決により、基本的な考え方が従来の裁判所の判断の延長上にあることが明白になりました。そして、この決定の対象となった事件は、２０１１年11月にいわゆる児童買春、児童ポルノ禁止法違反の容疑で逮捕された人が、その事実の記載が残っている記事の削除を求めたものでしたが、最高裁判所は削除の必要はないと判断しました。

つまり、プライバシーについて新しいルールを作るまでもなく、現在の法律にのっとって判断できるということが示されたのです。

判決直後の取材では、どのくらいの時間の経過があれば削除できるのかという基準を示すべきだったという意見を述べていた方がいましたが、人格権侵害と表現の自由をどう調整するかの問題は単純ではありません。**一律の基準ではなく、個別の事案ごとに慎重にバランスを見なければならないということです。**

検索サービスを提供する事業者としても、どのようにバランスをとるのか、毎回難しい判断を迫られていますが、人々の表現行為を伝える役割を担う以上は避けて通れない役割だと考えています。

「忘れられる権利」は必要だと思いますか？

ここまで日本におけるプライバシー保護について見てきました。すでに半世紀以上前からプライバシー権は認められており、過去の事実について公表されない権利もあることがおわかりいただけたのではないでしょうか。

それでもまだ「忘れられる権利」というものを新しく作る必要があると思いますか？もし、その必要があるとすれば、今のルールでは足りない部分があるという場合でしょう。そして、その足りない部分を足さなければならないような状況があるという立法事実が必要です。

現在までに検索結果の削除を巡って訴訟となったもののほとんどが、過去の犯罪歴や過去の不良歴の削除を求めるものです。また、犯罪歴の内容としては児童買春であったり、盗撮であったりと、性犯罪が多いと言えます。婦人科の医師から、女性宅に侵入した事件に関する記事を削除してほしいと求められたこともあります。

これらの例は、社会の人々の関心事でもあるため、十分な時間が経過しなければプライバシーを優先して情報を削除することは難しいのではないでしょうか。

最近も、強制わいせつ罪で逮捕された教師が過去に別の県の教師をしていたときに児童

むやみにルールばかりが増えてしまってはいけない

ポルノ禁止法違反で逮捕されていたことがニュースになっていました。県をまたぐと過去の履歴が照会できないという問題があるのです。検索は、このような情報を知りたい人に伝えるための重要なツールです。

そして、今のところは、こういった事案とは逆にプライバシー保護を優先させなければならないような事案はほとんど発生していないと認識しています。

しかし、「忘れられる権利」が注目された経緯を考えると、プライバシーがどのように保護されているのかがわかりにくい側面はあるのかもしれません。また、プライバシーの保護は、表現の自由や知る権利とバランスをとっているものだということも意識されていないのかもしれません。だからこそ「忘れられる権利」が必要だという議論が活発になってきているのでしょう。

新しいルールを作ることは大切ですが、むやみにルールばかりが増えてしまうような弊害がもたらされないよう、**今のルールがどうなっているのかを正しく多くの人たちに伝えていくことも忘れてはならない**と思います。

第8章の要点

1　今あるルールで十分なときに、さらにルールを作ろうとすれば、無駄なコストがかかったり、不要な規制による経済活動の停滞が起こったりする。

2　今あるルールで十分だということを世の中に伝えることも重要。

第 9 章

「約款」が契約として
認められることが
法律上に明記されていない

強い反対がある状況を
乗り切る

債権法改正に取り組む

この章では、強い反対がある状況をどのように乗り切ってきたのかということを中心にお話しします。

ルールを作ったり、ルールを変えたりしようとする際に、それに反対をする人々が存在することがあります。ルールは一定の価値判断に基づいて、形作られるものだからです。たとえば、高等学校の校則で髪の毛を染めることを禁止するルールは、髪の毛を染める自由よりも、その学校が考える高校生らしい格好を守るというほうが価値がある、つまり大切だと判断しているわけです。

このような価値判断において、一方がより正しいことが科学的に明らかであったり、一方が明確に大多数によって支持されたりするようなケースでは問題は生じません。しかし、価値判断の中には、どちらを優先させるべきなのかが微妙なケースもあります。そのため、ルールを作ったり変えたりしようとした場合には、価値判断が異なる人々から反対されることがあります。このような場合に、どのように取り組めばよいのでしょうか。

民主主義の根幹は多数による支持を得ることです。つまり、自分たちの価値判断をより多くの人々に伝え、理解し、賛同してもらう努力が必要だということです。

この章では、民法の債権法改正の話を通じて、どのような努力を積み重ねたのかという

ルールを変えようとすれば反対されることもある。理解し賛同してもらう努力が必要だ

話をします。

債権法について120年ぶりの見直しが始まる

2009年4月29日、私は早稲田大学大隈講堂の中に座っていました。祝日でしたが大勢の人が集まっていたという記憶があります。そこで「債権法改正の基本方針」というシンポジウムが開催されていました。それが、私たちが債権法改正という課題に取り組み始めた初日になります。

皆さんも「民法」という法律の名前は聞いたことがあるのではないでしょうか。民法は、人々の生活の基本となる法律の一つです。契約の当事者となることができる能力は何なのか、契約などの期間はどのように計算するのか、契約はどのように成立するのか、どういう種類の契約があるのか、契約違反をしたときの効果はどのようなものなのか、所有権という権利はどのようなものなのか、結婚するとどのような効果が発生するのか、遺言はどのように書かなければならないのかなど、幅広い規定を持っています。

民法は、全体に共通するものを定めた「総則」、所有権を中心とする権利義務を定めた「物権」、契約を中心とする権利義務を定めた「債権」、そして婚姻や親子関係、相続などについて定めた「親族・相続」という部分に分かれています。

このうち「債権」と言われる部分は1896年に民法が定められてから、大きな改正がないままになっていました。その間に、多くの裁判例や契約による修正なども積み重ねられてきていて、条文だけではわかりにくいという声も出てきました。そこで、民法制定以来の社会・経済の変化に対応することと、民法を国民にとってわかりやすいものにするという目的で改正をすることになりました。

たとえば、次のように家を買う契約をした場合を考えてみてください。

9月1日付でAさんが持っている家をBさんに5000万円で売るという契約をしたとしましょう。代金の支払いは10月1日で、AさんからBさんへの家の引き渡しも10月1日に行うことにしていました。ところが、9月15日に隣の家から火災が発生して、Aさんの家も焼失してしまいました。

この場合、Bさんは家の代金をAさんに支払わなければならないのでしょうか？

実は、民法の従来の規定通りだとBさんは家の代金を支払わなければならないとされています。その条文は民法534条です。そこには「特定物に関する物権の設定又は移転を双務契約の目的とした場合において、その物が債務者の責めに帰することができない事由によって滅失し、又は損傷したときは、その滅失又は損傷は、債権者の負担に帰する」と書かれています。しかし、普通の人が意味を把握するのは難しいのではないでしょうか。

また、取り扱いそのものについても、普通の感覚であれば、引き渡しも受けていない、火災で焼失した家の代金だけ支払わなければならないことに違和感があるのではないでしょうか。

法律を勉強したことがある人は条文の意味を知っていますから、契約書において、Bさんは家の代金を支払わなくてもよいというように民法の原則を修正していました。

しかし、民法の規定を知らない人が修正する条文を入れないまま契約をしていたらどうでしょう。今回の改正ではこの条文は削除されることになりました。

このような現在の取引通念に合わせて修正して、民法をわかりやすくするというのが、今回の債権法改正です。

「約款」で契約が成立するかどうか、民法には規定がなかった

債権法が改正されれば契約実務にも影響があると考え、どのように取り組むべきか社内で検討を始めました。

しかし、「債権法改正の基本方針」シンポジウムで配布された資料は非常に大部でした。ページ数にして400ページ以上もあり、論点も多岐にわたっていました。2006年10

月から民法を専門とする学者の方々が集まって2年半をかけて検討をしてきたものです。一企業の法務部門が取り組むことができるような課題なのかという意見もありましたが、実務的な観点から意見を述べていくことが重要だと考え、自分たちのビジネスに関連する部分についてだけでも、という意識で検討をしました。

取り組んだ中で一番大きな論点が「約款」についてのものでした。「約款」というのは、契約の一方の当事者が決めた条項がそのまま契約の内容になるもので、たとえば、電車やバスに乗るときの運送約款や保険に入るときの保険約款などが含まれます。

しかし、約款というもので契約として成立するかどうかについて、民法は規定を持っていません。

民法が契約の成立のためのプロセスとして想定しているものは、片方の当事者から申し込みがあって、もう片方の当事者がそれを承諾するというものです。両者の意見が違えば、お互いに交渉をして契約内容を詰めることになります。

つまり、両方の当事者の意思が合致して、初めて契約は成立します。また、自分の意思で内容を決めた以上は、それに拘束されるという法律上の効果も導かれています。

ところで、皆さんが電車に乗るときに、鉄道会社から契約内容を示された上で電車に乗るよう申し込みを受けていますか？　また、乗車についての運送契約を承諾するというよ

約款を民法できちんと定めることが必要ではないだろうか

うな手続きはしていますか？

いちいちそのようなことはしていませんね。それは、約款により契約を成立させているからです。では、なぜ約款という形式で契約が成立して、それに拘束されるのでしょうか。そのことが民法では説明されていないのです。

ところが、現実の社会では約款という契約形式のものは増え続けています。先ほど例にあげた交通機関による運送契約以外にも、携帯電話の契約、電気やガスの供給契約、宅配便の契約、旅館やホテルの宿泊契約など多くのものが約款という形式で契約関係が成立する世の中になっているのが現実です。

また、皆さんが使っているインターネット上のサービスは、利用規約と呼ばれている「約款」でお客様との間に契約関係が成立しています。

では、約款という契約方式は有効かどうかわからないのでしょうか。実は有効性の拠り所は、１９１５年の大審院の判例にあります。実に１００年以上前の裁判に有効性の根拠を求め続けてきたということです。

約款が多用されている現代に、このままの状況を放置してもよいのでしょうか。１００年前の判断が覆されるようなことは起きないのでしょうか。判例を知っている人たちだけが約款という契約が有効であるとわかっているような状態でよいのでしょうか。それが私たちの課題意識でした。

その課題についての議論が「約款組み入れ」の問題として展開されます。「約款組み入れ」というのは、民法で「約款」という形式での契約の成立を認めた上で、どのような要件が満たされていれば、約款に書かれているものが契約の内容となるのかということを指す言葉です。

「債権法改正の基本方針」には「約款組み入れ」の要件として次のような記載がされていました。

「約款使用者が契約締結時までに相手方にその約款を提示して、両当事者がその約款を当該契約に用いることに合意した時は、当該契約の内容となる」

この約款組み入れに関して産業界を2分した議論が行われることになります。

約款に関する検討を始める

2009年11月に法制審議会民法（債権法関係）部会が正式に開催され、法務省においてフォーマルな議論が始まりました。それと並行するように、経営法友会に債権法改正研究会が設置されました。

経営法友会というのは、１９７１年に企業の法務部門が集まってできた会です。法務部員に向けての研修会を開催したり、法務部同士で意見交換をする場を提供したりしていますが、会社法や民法といった基礎的な法律の改正が行われる際には研究会が設置されて、企業法務の観点から意見をまとめています。

経営法友会の研究会は主に若手の法務部員から構成され、担当する分野を分けて、５つのグループで検討しました。約款については第2グループで検討が行われましたが、ヤフーは、総論、損害賠償、解除などを検討する第1グループに参加していました。

研究会に若手のメンバーを送るのと合わせて、法務省との意見交換を始めました。２００９年12月に法務省と経済産業省の両省と話をしたのが最初です。そこでは、民法学者の中には約款が本当に当事者を規律するのかを問題にしている人たちがいるという話や、判例を見ないと約款の拘束力が不明というのは適切ではないのではないかという話をしてきました。

１００年前の判例に依拠している不安定な状態は解消したいというヤフーの考え方を伝えました。

当初から最後まで一貫して述べていた私たちの意見は次の通りでした。

約款が契約の内容になるための要件が民法で明確になることで、社会で多用されている約款に基づく契約関係が安定するということです。また、相手方の個別の同意がなくても拘束されるというものが約款であるため、約款の変更についても同じように考え、合理的な変更は相手方の同意がなくても認められるべきだということです。

なお、これらの意見はすべて、現状で行われている約款取引の実態に沿って規定されるようにという趣旨で述べたもので、現状を変える必要があるという趣旨ではありませんでした。

その頃、経済産業省が「経済界との債権法改正検討ワーキンググループ」を立ち上げ、経済界の中での議論を始めました。ワーキンググループ参加者のコンセンサスを図ることを目的とはしない非公開形式の勉強会という形でしたが、他の方々の意見を聞くよい機会になりました。

約款に関して意見が2分される

多くの論点がある中で、「約款」については最初から相違する意見とぶつかります。特に経済界の代表として法制審議会に出席している方が反対の最先鋒でした。「産業界で約款組み入れに賛成しているのはヤフー1社だけだ」といろいろな場所で吹聴されました。当時ヤフーはｅビジネス推進連合会に加盟していて事務局も務めていましたので、ｅビジネス推進連合会としては賛成しているという意見を述べていましたが、一つの経済団体が主張しているると捉えられることはありませんでした。

　他の産業団体も反対を表明していました。電機メーカーが多く加盟している団体も反対していましたし、銀行の業界団体も組み入れ要件を定めることには反対でした。

　反対を表明していた人たちの主張は、現状で困ることはないというものでしたが、彼らの多くは事業法に基づいて約款を省庁に見てもらっているところでした。約款の有効性について訴訟で争われるなど考えてもいなかったのだと思います。また、特にＢｔｏＢの取引については約款組み入れ要件を定めるべきではないとも主張していました。

　２００９年当時はまだＩｏＴという言葉は知られていませんでしたが、会議では、いずれネットワークに多くのものがつながる時代が来て、たとえば、自動車も売買契約をして買い手との関係が終わるのではなく、通信を通じて絶えず新しいプログラムを提供し続けるような形態になっていくため、約款の果たす役割が大きくなることはあっても小さくなることはない、という説明もしましたが理解いただけませんでした。

　また、今は多くの企業がフェイスブックのページを持っていたり、ＬＩＮＥのアカウントを持っていたりすると思いますが、フェイスブックとの契約もＬＩＮＥとの契約も約款で行われています。アマゾン社のクラウドサービスを利用している企業も増えています。それも約款による取引です。

こうした事態になることは多くの人が予見していたにもかかわらず、なぜＢｔｏＢの取引を対象から外したいと主張していた人がいたのかも理解できませんでした。
こうして意見は対立したままでした。

約款を民法上に明記することを主張して多くの批判を受ける

最初のステージは、２０１１年4月に法制審議会が「民法（債権関係）の改正に関する中間的な論点整理」を取りまとめて、パブリックコメントを募集するところまでになります。その時点での論点は５００を超えていました。もちろん、約款もその中の一つでした。

ヤフーも25の論点に対してパブリックコメントを提出しました。約款については「約款が契約当事者間の契約内容となることについてのルール、要件を民法上に明記した方が、個別の裁判所の判断に委ねられることになるよりも、取引の安定性が確保され望ましい」という意見を述べています。

パブリックコメント▼

省庁などの公的な機関が広く公に意見案などを求めることを、一般的にはパブリックコメントを求めると言います。パブリックコメントを提出しても、その内容が反映される保証はありませんが、さまざまな意見を述べる機会として、活用されています。パブリックコメントのうち、省庁などが命令や規則などを定める際に行われるパブリックコメントの募集は、行政手続法によって必ず行わなければならないことになっていますが、法律に関しては、パブリックコメントの募集を行うかどうかは省庁などの裁量に委ねられています。

法律は国民の代表である議員によって議論される機会がありますが、命令や規則は省庁などの行政機関の内部手続きだけで定めることができるために一般国民の声を聞く機会を確保しようということが、パブリックコメント募集が義務とされている理由です。

債権法についてのパブリックコメントも任意の募集でしたが、影響範囲の大きい法律でもあり、法務省が広く意見募集を行うことが有益だと判断したものと考えています。

約款組み入れに賛同する人たちが
なかなか見つからなかった

2011年6月16日には法務省でのヒアリングにeビジネス推進連合会が呼ばれ、私たちはこの団体を通して約款組み入れ条項の必要性を訴えました。その資料は2011年6月28日の法制審議会に提出されています。しかし、他の団体は約款組み入れ条項を定めることには消極的でした。

そこで、約款を民法に規定することに積極的に賛同する人たちを探し始めました。まず経営法友会の若手研究会の第1グループから約款を検討対象としていた第2グループに移りたいと働きかけたのですが、意見が異なりすぎるという理由で断られました。

2012年にeビジネス推進連合会を脱退したこともあり、名称も新しくなった新経済連盟と約款組み入れ要件を債権法に定めるべきかどうか協議をしました。しかし、新経済連盟は、提案されているものでは具体的な構成要件がまだ不明確であるとして、賛成するという意見にはなりませんでした。

経済界でも金融系の産業は約款に対して柔軟な考えを持っているのではと考え意見交換をしました。彼らは、預金などの銀行取引の条件を変えなければならないケースなどを考えると一方的な約款の変更を有効とするような条項は必要ではないかと考えていました。しかし、約款についての規定を定めようとすると、同時に不当条項がリスト化される懸念があるため反対する、という立場でした。さまざまなところとの協議は、このような感じでした。

このままにしていると法制審議会では産業界には賛成しているところがないのではないかと捉えられてしまうという危機感もあり、2012年6月に「約款および不当条項規制に関する意見」を法制審議会に直接提出しました（291ページ）。要旨は、約款の組み入れ要件を民法（債権法）に規定すべきであるということと、不当条項をリスト化すべきではないというものでした。

不当条項のリスト化というのは、約款が無効となるものを列記してブラックリストを定めるというものです。ブラックリストの例としては、債務不履行責任（契約に定めてある義務を履行することを怠った場合の責任）を全部免除する条項や契約内容を一方的に変更する権限を与える条項などがあげられます。

確かに、多くの場合には債務不履行責任を全部免除するようなことは合理的ではないでしょう。しかし、無償でサービスを提供しているようなケースでは、債務不履行責任を一定の範囲で全部免除しないとサービスが継続できなくなるようなことも考えられるのではないでしょうか。

たとえば、サービス提供にかかる費用と料金をバランスさせて、料金を低額にする代わりにサービスの一部や保障の程度を切り下げるようなことも考えられますが、仮に、一定以上の保障をしない約款は無効であるという条項がブラックリストに記載されてしまうと自由なサービス設計ができなくなります。

利用者が価格と得られる利益を勘案してさまざまな商品やサービスを選ぶことができるような枠組みを提供することが民法という法律に求められていることだと考えているからです。

また、一方的な契約条件の変更がある程度認められなければ、不特定多数との契約関係を統一的に治める約款の機能が失われてしまいます。

このように、不当条項をあらかじめ定めることは難しく、どのような条項が契約として効力が否定されるのかは個別のケースごとに判断せざるを得ないのです。


しかし約款を巡る議論の全体像が変わってきたわけではありませんでした。他団体との意見調整も続けていましたが、打ち合わせをしたいという申し入れを受けて会った団体から意見を撤回するように求められたりしていました。

また、「ビジネス法務」という雑誌の2012年9月号に依頼されて約款についての記事を投稿したところ、大手電機会社の法務の方によって同じ号に「ごく一部の企業が約款規制の導入を求めていると聞くが、特殊な事情によるものと思われる。そのような特定の企業のニーズに対して一般法の民法が規制を導入することは不適切との意見が経済界には多い」という記事が掲載されるというような感じでした。

平成24年6月22日

約款および不当条項規制に関する意見

法務省民事局参事官室　御中

ヤフー株式会社
代表取締役　宮　坂　学

1．約款の組入要件を民法（債権法）に規定すべきである

民法が制定されたのは明治２９年である。

民法が制定されてから現在までの間に、新たな技術やサービスが登場し、日本の産業構造も大きく姿を変えている。民法（債権法）は経済活動を法的側面から支える基本インフラであり、経済の実態が変われば、民法（債権法）も見直されるべきである。この機会に民法（債権法）全体について、民法制定時には存在しなかったビジネスや取引にとっても使いやすいものであるかどうかを検証し、必要な修正を加えていくべきである。

民法（債権法）は契約成立の原則的形態として当事者間の合意を前提としており、契約の拘束力の法源も、当事者の意思に求めている。しかしながら、現在の取引実務では、多くのお客様に対して同一のサービスを提供する場合には、予め契約内容を約款として定型化しておき、それをお客様に開示するという形で契約を締結している。これが「約款」を用いた取引である。

特にインターネットを介して多くのお客様に様々なサービスを提供するようなビジネスにおいては、お客様と従業員が直接会って契約を締結することはほとんどない。インターネットを介してサービスを提供する事業者としてできることは、インターネット上にサービスの内容やサービス提供者が負う責任の範囲を示した上で契約を結ぶことである。

しかし、このような契約の締結方法を現在の民法（債権法）は想定していない。そのため、契約が確実にお客様との間で締結されているかどうか分からず、ビジネス上のリスク要因となっている。ことに原則的な考え方が民法（債権法）に定められていない現状で、個別の裁判例によって特異な成立要件を示されてしまう可能性は危惧するに値すると考える。このようにもし、ルールが示されればそれに従い安心して取引を行うことができる。

インターネットを介したサービスに限らず、約款を用いた取引は実務上広く定着しており、このような現在の実務を踏まえてルールを策定すべきである。

2．約款の定義を実務上認識されているものと整合させるべきである

約款は元々附合契約という多数の相手方を画一的に取扱う必要性のある契約に用いられるものであり、その定義は、「多数の相手方との契約を一律に規律するために当事者の一方

法務系のブロガーの方からブログ中で名指しで批判されたこともありました。

そんな中で、2013年2月に「民法（債権関係）の改正に関する中間試案」が取りまとめられ、パブリックコメントに付せられました。この時点で、論点数は約260に絞られています。そして、約款も論点として残っていました。

広く理解してもらうための活動を続ける

中間試案の公表によって、法案の検討は第3ステージに移りました。法制審議会での議論は継続していましたが、約款については最後まで残るかどうか微妙な立ち位置にありました。

「インターネットのような新しいビジネスでは約款ルールを民法で明確にすることが求められている、という産業界の意見がもっと欲しい。さもなければ約款は論点から落ちてしまう」という話も法務省から伝わってきました。

そこで、ビジネスに携わっている人々が新しい約款ルールを必要としているということを広く理解してもらうための集まりを開催しようと考えました。そして、この論点に高い関心を持っていた山田肇東洋大学経済学部教授に相談をしたところ、情報通信政策フォーラムでのセミナーを開催しようというお話をいただきました。

２０１４年1月23日に開催された「インターネットビジネスと約款」セミナーでは、柳川範之東京大学教授から「約款に関するルールの明確化と経済効果」、内田貴法務省参与からは「約款に関する議論の状況等」を基調講演として話していただきました。

柳川教授の話は、「必ず成功する投資プロジェクトであっても契約に不備があり、利益が投資家に還元されない可能性があるとすれば人々は投資しない。取引を促進させていく上では、リターンや責任の帰属先が明確になるように透明性を高めていく必要がある。」という趣旨のものでした。

内田参与の話は「約款は現代の取引に不可欠のビジネスモデルであるが、多用されるようになったのは20世紀後半以降であり民法起草時には想定していなかった。読んでいないし理解していない約款に拘束されるのか。ここに柳川教授の指摘する契約の不透明性の問題がある。規定する意図は、透明性の高い私法ルールを定めることであって、ルールを明確にすることで安全な取引ができるようになる。安全で安心な約款取引は消費者にもメリットがある」という内容でした。また、不当条項をリスト化することもすでに法制審議会での審議対象から外れていることも説明されました。

その後、山田教授をモデレータとして、内田参与、大谷和子日本総合研究所法務部長、沢田登志子ＥＣネットワーク理事、神谷寿彦ＧｙａＯ社長室室長によるパネルディスカッションが行われ、「当たり前に思っていた約款に関する実務の積み重ねにも不明瞭な部分があることがわかった。クロスボーダー取引（国境を越えた取引。たとえば、海外から提供されているサービスを日本国内で使う場合など）などもそれに当たる。新規参入を考える中小企業のリスクが小さくなるように約款の法制化について検討するのは重要である」というような意見が出されていました。

また、セミナー開催を受けて1月30日に山田教授がハフィントンポストに寄稿をされています。

セミナーを開いて理解を広めるという地道な活動も必要

報道機関に取り上げられる機会はありませんでしたが、地道な活動として参加をされた方々の理解を得ることができたのではないかと考えています。

経団連の債権法改正WGに参加する

約款という文字が定義を検討した結果「定型約款」と修正されたものの、債権法改正検討の中で約款という論点自体は何とか落とされないまま要綱仮案まで辿りつきました。法制審議会での最終的な取りまとめは要綱という形で行われます。この時点で仮案に論点として記載されているということは、要綱にまとまる際にその項目が最終的に含まれる可能その指定した行為を完了する者がない間は、その広告を撤回することができる。ただし、その広告中に撤回をしない旨を表示したときは、この限りでない。

ウ　広告の撤回は、前の広告と異なる方法によってした場合には、これを知った者に対してのみ、その効力を有する。

第 28　定型約款
【P】

第 29　第三者のためにする契約

１　第三者のためにする契約の成立等（民法第５３７条関係）

民法第５３７条に次のような規律を付け加えるものとする。

民法第５３７条第１項の契約において、その締結時に第三者が現に存しない場合又は第三者が特定していない場合においても、その契約は、そのためにそ

性が残っているということです。つまり、約款の条項は、なんとか首の皮がつながっていたということになります。しかし、要綱仮案の中では約款の部分は【P】と記載されていました（上の図）。ペンディングという意味です。

そうなった理由を2014年8月26日開催の第96回法制審議会民法（債権関係）部会の議事録の発言から見てみます。この後の経緯は議事録での発言を追いかけていくとわかりやすいと思いますので、適宜引用していきます。

その時点で約款に最も反対していたのは経団連の委員です。「定型約款に関してですけれども、我々の組織、即ち経団連としては、従前から民法に約款に関する規律を設けること、それ自体に反対をしております。今回の部会資料においては条文を意識した形での新たな案が提示されておりまして、こちらについて内部のバックアッ

プチームで相当時間をかけて、8月だけでも6時間ぐらいこの論点だけで内部で議論をしておりました。（中略）結論としては今回の案でもまだちょっと受け入れることはできないというのが現状であります」

「従前から申し上げているのは、ここからＢｔｏＢをきちっと排除してくれというそういった意見も根強くありまして、この提案だとなかなか受け入れられない」と発言しています。

そして何人かの委員からの意見が続いた後で、『「第28定型約款」については、本日お示しした案文にはなお異論があり、項目全体として保留となったという理解ですので、案文をすべて消して、項目番号と見出しだけを残し、これまでにも時々使っておりましたＰというマークを付する」というまとめになっています。これがＰマークの背景です。

ここで一つの転機が訪れました。ヤフーは債権法の検討が進んでいる最中の２０１２年に経団連に加盟していましたが、経団連の債権法改正ＷＧ（ワーキンググループ）にはそれまで入っていませんでした。

ところが、２０１４年秋に消費者契約法改正を検討する消費者庁の委員会にヤフーから委員を出すことになったことで契機が訪れます。消費者契約法改正の検討と民法改正の検討は密接に関連するため、債権法改正の協議と連携を図っていく必要があるのではないかと経団連事務局から債権法改正WGに加わるように打診を受けました。

債権法改正WGへの参加によって、経団連の検討会の中の状況もよくわかるようになり、経団連内部で正式に意見発信もできるようになりました。ヤフーからは、経団連に加盟している会社が一様に反対しているわけではなくさまざまな意見があるということと、消費者契約法だけに約款の取り扱いを委ねていると現在法務省が提案している案よりも産業界にとって厳しいものになっていく可能性も否定できないということを発言していきました。

並行して、産業界と折り合うことができる案を模索していた法務省とも意見交換を続けていました。

法制審議会での経団連の意見が変わる

2015年1月20日の第98回法制審議会民法（債権関係）部会で約款について、法務省が用意した修正案について議論されました。

そこで、経団連代表の発言が微妙に変わってきているところを議事録から引用します。

「昨年8月に、仮案を取りまとめる際に私の方で異論を述べて、それに対して今回事務当局の方で御検討いただいたと、そういう点につきましては、非常に感謝を申し上げております。ただ、8月に御指摘した事項について、（中略）印象としては実質的にゼロ回答ではないのかと感じております。（中略）そういう意味では、まだこの案で賛成だというふうに言うことはかなり厳しいかなと私自身は感じております」と引き続き反対する旨は述べていました。

しかし、続いて次のように発言しています。「内部でいろいろ議論をしておりますので、内部の状況についてまず御報告をしたいと思います。（中略）もちろん、今まで経済界ではかなり反対意見が相当強くあったんですけれども、何度もこの議論をしておりまして、今では我々のバックアップ委員会の中でも積極的に賛成する、そういう企業の方というのはいらっしゃいます。複数おられます。そういう業界の方もおられるということは事実でございます。それから、（中略）やむを得ないのではないか、受入れ可能ではないかといったような発言をされている企業もおられます。他方、（中略）まだ相当数強硬な反対意見というのは健在でありまして、企業あるいは業界も複数、相当数の所でまだ容認できないというところがあります。

先ほど容認論の所でも申し上げたんですが、ただ、この容認論に傾いている企業も、なかなか我々の内部の委員会の場で表立っていうのは厳しいみたいな感じで、『率直なところいかがですか』と会議が終わって聞いたりすると、『できれば』というような感じの本音も聞かれておりまして、嫌々ながらというような感じも受けておりまして、なかなかそういったところで本音が語りにくくなってきているというふうな感じは受けております」

潮目が明らかに変わった瞬間だったと思います。

また、同じ会議で、銀行界の代表者が「銀行界は、今回の提案に対して異論はありません」と述べています。

さまざまな働きかけは法制審議会民法（債権関係）部会の最終回となった2015年2月10日に開催された第99回部会での経団連代表の発言に集約されます。

「本日に至る間にバックアップ委員会で議論をしておりますが、依然としてやはり内部では賛否両論ということでございまして、最終的には意見が内部で集約できなかったというのが実態でございます。それをまず御報告したいと思います。ですから、経済界の中では、最終的に賛否両論あって、意見の集約ができなかったということでございます。（中略）結論的には、全体としての、定型約款を含む取りまとめには反対しないというところでおさめたいと思います」

これで、法制審議会の中で反対をする委員はいなくなり、定型約款を含む「民法（債権関係）の改正に関する要綱案」が決定されました。

改正案の成立

その後、債権法の改正案は2015年1月に召集されていた第189回国会に提出されました。

しかし、国会での審議は他の法案との関係もありなかなか進まず、ようやく2017年1月20日に衆議院の法務委員会に付託され4月14日に衆議院を通過し4月19日に参議院で可決成立しました。早い成立を願っていたため、待たされている時間は長く感じたものです。

ところで債権法改正の取り組みは、専門的な分野であり、また、分量もかなり大部にわたるものであったため、法制審議会で検討されている段階で積極的に関心を持って取り組んでいた議員は少なかったように思います。

それでも、法務省での検討の最中から高い関心を持っていた衆議院議員もいました。その議員は弁護士出身ということもあり、議員を中心に多くの弁護士が集まり勉強会を継続的に行っていました。機会があって私も参加することができましたが、勉強会には、法務省からも担当者が解説に訪れていました。勉強会での取りまとめはパブリックコメントという形で法務省に提出されています。

専門的で分量の多いものにも積極的に取り組む議員がいるということは、国会議員の方々の真面目さの表れだと思っていますし、検討ステージのものについてもできるだけ丁寧に説明をしようとしていた法務省の方々の姿勢には学ぶところが多かったと思います。

さて、約款について私たちもさまざまな取り組みをしてきたお話をしましたが、一番影響が大きかったことは、約款組み入れの条項を民法に取り入れようという意思を法務省が継続したことだと思います。最後に異論があるとして残った論点を、それでも前に進めることができたのは、現代民法にとって約款に関するルールが必要だと信じていた人々が法務省の中にも多かったからではないかと考えています。それが、民間側で働きかけを継続していた私たちにとっては大きな支えでした。

民法という法律について考えたこと

ところで、債権法改正という課題に取り組んでみたことは貴重な経験でした。それまでに取り組んできた、消費者保護、青少年保護、防犯や産業の育成のためのルールとは、性

民法というルールは非常によく考えられてできている

格を異にしていたからです。

それらのルールは特定の目的を合理的に達成するためのルールでした。したがって、ルールを考える際には、目的が合理的であるかどうか、目的を達成するための規律が合理的であり適切であるかどうかが重要になります。

しかし債権法は、取引の一般的なルールとして何を定めておくことが将来の紛争を防止し、安定した取引を安心して行うことができるのかを考えなければならないという取り組みでした。特定の領域だけに通用するルールではなく、すべての領域に共通するルールを考えなければならないという難しさもありました。また、これまで積み重ねられてきた実務や裁判例をどのように整理して盛り込むかという視点も必要でした。

そして、すべての取引に適用される原則を考える中で、民法というルールが非常によく考えられてできているということを再認識することができました。

社内では約款以外にも新しい提案ができないかを考えたことがあります。新しい契約類型についてです。債権法は典型契約と言われる基本となる契約を13種類規定しています。贈与、売買、交換、消費貸借、使用貸借、賃貸借、雇傭、請負、委任、寄託、組合、終身定期金、和解というものです。

それらに加えて、現代で多く使われるようになった契約を典型契約として追加できないかを検討したことがあります。たとえば、特許権や著作権などの知的財産権に関する利用許諾契約などが増えてきていることと、その法律的な性格づけが必ずしも明確ではないことから、それらに共通する契約ルールを提案できないか、などです。しかし、結果としては典型契約に追加すべき類型を提案することはできませんでした。

逆に、検討すればするほど13類型が過不足なく定められていることを実感しました。民法を草案した人たちの思慮の深さや、その基礎となった大陸法が重ねてきた歴史の重みの上に作り上げられているルールの変更を考えることは、それだけ難しいということです。

普段、特定の事業に関する法律を検討することが多かったため、それとは異なる視点でルールを考えることができたことで、新しい視点を増やすことができました。

第9章で説明した法律改正までの道筋

1　債権法改正で、それまでなかった「約款」について定めることを会社の方針にした。

↓

2　企業の法務部門の会である経営法友会で検討する一方で法務省との意見交換を行う。

3 ←

経済産業省の「経済界との債権法改正検討ＷＧ」に入って検討を始めたが、さまざまな団体からの反対にあう。

4 ←

法制審議会のパブリックコメント募集で、約款についての意見を提出。

5 ←

法務省でのヒアリングでｅビジネス推進連合会を通して約款組み入れ条項の必要性を訴えた。

6 ←

約款を民法に規定することに積極的に賛同する人たちを探し始める。しかし、あまり賛同者を見つけることができなかった。

7 ←

法制審議会に「約款および不当条項規制に関する意見」を提出した。

8 ←

「民法（債権関係）の改正に関する中間試案」が取りまとめられパブリックコメントに付せられる。約款ルールを民法で明確にすることが求められているという産業界の意見がもっと出ないと、今後論点から落ちてしまうという話が法務省から伝わってきた。そこで、新しい約款ルールが必要とされていることを広く理解してもらう集まりを開催することにした。

9

要綱仮案まで約款という論点は残ったが、法制審議会での反対があったためペンディングとされていた。

10

最も反対していた経団連の債権法改正ＷＧに入り、経団連内部で意見を発信した。

11

法制審議会での反対がなくなり、定型約款を含む「民法（債権関係）の改正に関する要綱案」が決定された。

12

改正案が国会に提出され、可決成立。

第 10 章

ルール作りのために多くの人々の声を集める必要がある

最適な団体を作り
他の団体と協力する

↓

NPOなどの団体を作る

この章では、ルール作りに果たす民間の団体の役割について述べます。特にここでは既存の大きな団体、たとえば経団連などではなく、社会的な課題に取り組もうとしている比較的まだ規模が小さな団体の役割を中心に話をしていきます。

そういう団体が社会に果たす貢献が大きくなってきていて、ルール作りとも密接に関わり始めているからです。

ルール作りに役立つ団体を作るには

ルール作りのためには多くの人々の声を集めることが必要です。その観点から、**志を同じにする人々や企業が一緒になって団体を作ることは、声をあげるための有効な手段でもあります。**また、単独の団体を作るだけではなく、団体同士が集まるということも有益です。ここに団体を形成していく意味があります。

また、単に団体を形成しただけでルール作りに貢献できるわけではありません。ルール作りのために団体が果たすことができる役割を考えることが大切です。

そこで、ルール作りに役立つ団体を作るにはどうすればよいのか、団体としてどのような活動をしていくことがルール作りに役に立つのかということを考えていきたいと思います。

２０１７年現在、国内で特定非営利活動法人（NPO）として認証を受けている団体は5万を超えています。そして、その活動分野は保健、福祉、社会教育、まちづくり、文化芸術の振興、人権擁護、子どもの健全育成など幅広い分野にわたっています。

また、かつて許可主義だった公益法人の制度が変わり、現在は、一定の要件を備えれば一般社団（財団）法人の登記ができるようになっています。そして、公益的な役割を目的とした公益社団（財団）法人もさまざまな活動をしています。

私たちもさまざまな活動をするために、第2章で簡単に触れたようにいくつかの団体を作ってきました。その経験も通じて、何を目的として、どのような団体を作り、どういうルール作りに貢献しようとしているのかということをお話ししていきます。

コラム

団体を作ることと、団体に参加すること

本章では主に団体を作ることについて話をしていきますので、このコラムでは団体に参加することについて簡単に触れておきたいと思います。

ルール作りのために新しく団体を作るという方法の他に、すでにある団体に加入して活動をするという方法もあります。新しく団体を作る場合と異なって、すでにある団体に入る場合には、その団体の方針やガバナンスに従うことになります。

もちろん、新たな方針やガバナンスを構成員の一人として提案していくことは可能ですが、それには、構成員として他の参加者に認知され、自らの意見について説得して回るという努力が不可欠です。団体の規模が大きくなればなるほど、時間と努力が必要になります。

構成員として認知してもらうためには、団体のさまざまな活動に参画して団体に貢献していると認められるようにならなければなりませんし、事務局の方々とも緊密な連絡を取れるようにならなければなりません。

そういうプロセスを飛ばして自分たちの意見を団体の主張に取り入れてもらうことはできません。

だからと言って、自分たちだけで団体を作ればよいということにはなりません。仮に団体を作ったとしても、これまで継続的に活動を続けて社会的な信頼を得てきている団体以上に社会的な信頼を得るということも簡単ではないからです。また、異なる活動領域ごとに団体を作っていては、キリがないことにもなってしまいます。

そこで、既存の団体の果たしている役割を理解し、加入した場合に必要な努力と時間を考慮し、既存の団体に加入するのか、それとも自ら作っていくのかを選択していくという戦略が不可欠です。

団体はさまざまな形を選択できる

ところで、公益的な活動をするための団体と聞いて、多くの方が思い浮かべるのはNPOではないでしょうか。NPOは、法律に定めている20の領域で、不特定多数の人々の利益に寄与することを目的として設立されるものだからです。

しかし、多くの人々が集まって活動を行おうとする際に、実はNPOに限らずいろいろな形態を選択することができるのです。

法人でなく「権利能力なき社団」
であっても活動はできる

人の集まりを法律では「社団」と言います。その社団に対して、法律的な人格を付与したものを「法人」と呼んでいます。

法人となると、団体を構成している人たちの財産とは独立した財産を持ち、法律的な人として法人の名前で契約を結んだりすることができるようになります。そして、法人の代表者、たとえばＮＰＯや一般社団法人の理事長とか会社の代表取締役などの行為は、その人個人の行為としてではなく、法人の行為として取り扱われます。

ところで、社団はすべて法律的な人格を持たなければならないのでしょうか。そうではありません。「権利能力なき社団」という概念もあるからです。

たとえば、大学のクラブやサークル、マンションの管理組合、町内会、政治団体などの多くは権利能力なき社団として存在しています。

権利能力がないという意味は、法律上は権利及び義務の主体となる資格がないという意味です。しかし、社会的な実態としては実質を備えて活動しているため、一定の方法で権利義務の関係が処理されていて、団体として活動をすることができるものです。

何か共通の目的を持って団体を作るとき、必ずしも法人になることから始めなければならないというわけではありません。

法人でなくても政策提言はできる

企業の集まりも経団連のように一般社団法人となっているものが多数あります。しかし、企業の集まりとして活動をしているものでも、まだ権利能力なき社団にとどまっているものもあります。

アジアインターネット日本連盟がその例です。アマゾンジャパン社、ディー・エヌ・エー社、イーベイ社、フェイスブック社、グーグル社、グリー社、ペイパル社、カカクコム社、リクルートホールディングス社、ツイッタージャパン社、ヤフー社が参加している団体ですが、法人格は持っていません。

インターネット上でサービスを提供している会社が集まって、政策提言をしていくことを目的としています。つまりルール作りやルールの変更などを働きかけていくための団体です。

これらの会社は、インターネットにおける自由で公正な情報が流通する環境の発展を促すということを共通の目的として集まっています。インターネットにおける自由で公正な情報の流通が、革新的なビジネスとインターネット産業の健全な成長に不可欠だと考えているからです。

頭にアジアと付いているのは、アジアインターネット連盟がもともとインターネット企業の政策担当者たちがシンガポールで立ち上げたものだからです。同じようなものを日本で立ち上げるということから始めました。

活動としては、たとえば、「データの利用権限に関する契約ガイドライン（案）」「我が国のＩＴ戦略の新たなフェーズに向けて（骨子素案）」「『流通・取引慣行に関する独占禁止法上の指針』の改正（案）」「文化審議会著作権分科会法制・基本問題小委員会中間まとめ」「民法の成年年齢の引下げの施行方法に関する意見募集」などに対するパブリックコメントを提出しています。

また、官民データ活用推進基本法案に対する意見などを提出するという活動もしています。多くの場合、パブリックコメントによって省庁の案が変わったりすることは事実上ありませんが、団体としての存在を認知してもらう一つの手段にはなると考えています。

それ以外にも、「越境データ移転に関するシンポジウム」などのシンポジウムを開催して世の中の意見形成に努めています。

先にも述べたように法人格は持っていません。会費を集めて加盟している会社から独立した事務局を作り、団体としてのガバナンス体制を確立していくというところまでは、団

どのような活動をするかに合わせて枠組みを考えればよい

体組織として成熟していないためです。しかし、団体内の合意形成のプロセスは民主的に運営しており、さまざまな活動を行うことについての支障は生じていません。

アジアインターネット日本連盟は継続的に活動をするための団体ですが、一つのルール形成に向けて、短期間だけテンポラリーな組織を作るということもあります。第5章の消費税のところで述べた3団体での活動などがその例です。

政策提言をするために、何か法人格を持った団体が必要となるわけではないのです。**形式的に法人格を持つ・持たないではなく、実質的な活動として何をどのように行うのかが先にあって、後から必要な枠組みを考えればよいということです。**

団体を作るときにどのようなことを考慮しているのかという一つの例として「ヤフー基金」の話をしましょう。私たちはヤフー基金という団体を通じて災害時の寄付集めやNPOへの助成金交付などを行っていますが、ヤフー基金という団体は法人にはなっていません。権利能力なき社団です。

災害が発生したときにテレビ放送ではさまざまな募金が案内されるのに、インターネットではそういったものがない。災害に関するニュースを伝えるだけではなく、募金の案内も行うことができればということが基金を創設した理由です。

当初は、日本赤十字社や中央共同募金会などが募金を始めるときに、その募金を紹介したり誘導したりということをしていました。しかし、それでは日本赤十字社や中央共同募金会が募金を始めるまで待たなければなりませんでした。

災害などが発生したときには、発災後すぐに何かできることはないかと募金を思い立つ人が多いと思いますが、日本赤十字社や中央共同募金会は必ずしも発災後ただちに募金を始めるわけではないので、その人たちの思いを受ける受け皿になれていないということがありました。ヤフー基金を通じて自らが募金を集める主体になることがその課題を解決する方法でした。

しかしヤフーという企業が募金を行うにはいくつかの課題があります。ヤフーという営利企業が募金を集めた場合、収益に計上しなければならないのか、つまり法人税の対象となるかどうかが一つです。また、寄付された金銭をさらに寄付をした場合の、会計上・税務上の取り扱いも課題です。

これらの課題を解決するためには、募金されたお金を会社の財産とは切り離して管理することができる組織を作ることが必要でした。

基金の基礎的な運営資金は毎年ヤフーから寄付を受けています。そのためヤフー基金の設立目的である災害支援のための募金とインターネットを使って社会課題を解決しようとしているＮＰＯへの助成金支援を行うことが将来的にも維持できるような体制が必要でした。

そこで選択したのが、権利能力なき社団という形態です。認証などの手続きが不要で団体の設立が容易であること、財産は会社とは切り離して管理することができるようになること、社団の構成員を少なくして組織体制をシンプルにしておけること、などが理由です。たとえば、NPOは最低でも10名が社団の構成員でなければならないという制約がありますし、参加したい人を限定することも許されていません。ヤフー基金は創設時の意思を継続するために、ヤフーの役員と社員で構成されるものにしておきたいということを考えていたため、その観点からもNPOは選択しませんでした。

これまで、理事数名だけの権利能力なき社団として長年活動をしてきていますが、活動自体への支障はありません。

実現したい目的に照らして、どのような団体にするのかを考えることが大切です。少なくとも法人格がないことでルール形成に関する活動を行う上で制約を受けるということはありません。

一方で、団体を通じて事業活動を行っていくことを目的とするのであればNPOや一般社団法人のような法人となることが適しています。団体としての契約関係が増えるでしょうし、契約上の責任も、所属している個人からは独立して団体が担うことが活動の範囲を広げていくためには重要だからです。また、税務上の取り扱いからも法人であるほうがよいと思っています。

また、団体のサイズが大きくなり組織のガバナンスを強化していくことが求められているということであれば、定款の記載事項やガバナンスの骨格が法律で定められている法人となるほうがよいのではないかと思います。

それでは、次にNPOと一般社団法人についてお話しします。

ヤフーがNPOのメンバーとして活動している例もある

ヤフーがNPOのメンバーとして活動をしている例もあります。個人遺伝情報取扱協議会（CPIGI）という団体です。CPIGIというNPOは、もともと遺伝子情報について多くの人たちに正しい知識を伝えていくために2006年に設立されました。定款でも、広く一般市民及び個人遺伝情報取扱事業者、各種団体に対して、個人遺伝情報の厳格な保護と適切な利用の提言に関する事業を行うことを目的と定めています。

しかし、この数年、直接消費者に遺伝子解析を提供するサービス（Direct to Consumer service：DTCサービス）が始まったことを受けて、DTCサービスを提供するための自主基準の作成や、自主基準を遵守しているかどうかを認定する制度作りなどを始めました。それらに対する社会的な期待が高まったためです。また、DTCサービスを提供する会社の加盟も増えてきていました。

こうなってくるといくつかの課題に直面することになりました。一つは、政府が開催する会議に会として参加するための仕組み作りです。幸いなことにCPIGIはDTCサービスを行う企業団体として省庁に認知されており、いくつかの政府の会議には参加することができています。その意味ではルール作りへの参加の手がかりは持っています。

しかし、従来は、そのルール作りへの参加も参加者が手弁当で活動していました。そのため会議への貢献度やルール作りへの参画という視点では課題があったと考えています。少なくとも、政府の会議に会の代表として参加するためには、会員の総意をどうやって吸い上げるかという仕組みがなければなりません。会議での発言は参加した人個人の発言ではないからです。

同時に、団体としての発信力の強化も必要でした。ルール作りのための団体の活動を正しく伝えていくためには、報道機関向けの広報窓口の強化などが求められています。

現在、政府の会議では、DTCサービスにも法律による規制が必要だとするハードロー支持派から、まだハードローを作るには時期尚早ではないかというソフトロー派まで参加しています。その中で、多くの会員社の意見を取りまとめてCPIGIとしての意見を述べたり、省庁や他団体と調整をしたりしていくためには、十分な事前準備や調査が不可欠ですし、発信力も必要なのです。

また、現在進めている自主基準による対応は、言うまでもなくソフトローの領域のものです。ソフトローが生きるためには、自主基準に参加してもらえる企業を増やさなければなりません。一方で、不適切なビジネスをしている企業が入り込んでくることを防がなければ団体への信頼が揺らぐことになります。

会員の資格要件を厳格にしていくためには、NPOという形態がふさわしいのかどうかが課題となっています。

また、2015年に自主基準認定制度を開始したため、自主基準認定という事業が加わっています。この活動自体を継続していくためには一つの事業として認定制度を運営できる体制が必要となっています。

NPOは事業を行うことは認められていますが、ルールとしての枠組みではなく、実態として事業計画を立てて赤字にならないように運営をしていくという経営手腕が問われることになります。その意味でも、遺伝子情報についてのリテラシー向上に協力できる人たちの集まりから、事業体としての経営ができる人たちの集まりに変化をしていかなければならない時期に来ています。

ルール作りに参画する団体として成長していくには、どのような組織を目指すのかを絶

えず見直していかなければなりません。

同じ目的を持つ加入者に絞り込むための一般社団法人

もう一つ、一般社団法人の例としてセーファーインターネット協会（SIA）をあげます。SIAは一般社団法人として設立しました。インターネット上にある違法・有害情報への対策に取り組むための団体です。

設立当初は、自主的に決めた基準に基づいて、発見した有害情報を削除するようにプロバイダに通知をするということを始めた団体です。「違法情報」は法律に抵触するものですので基準は明確です。しかし、何が「有害情報」なのかは簡単に決められていません。どのような表現が社会の許容度を超えているのかというのは、とても難しい問題です。性的な表現、暴力的な表現、差別的な表現、犯罪を誘引するような表現などなど、さまざまな表現について「有害」な表現なのかどうかを一律に決めることはできません。

誰にとって有害なのかも判断に影響を及ぼすものです。たとえば、10歳の子どもを基準にする場合と、18歳を基準にする場合では有害の基準が異なるからです。

また、国が有害情報の削除に乗り出すことは多くの問題を引き起こします。何が有害情報に該当するのかを国が定めて、それを削除しなければならないとしてしまったとすればどうでしょう。「表現の自由」を守るという国の責務に反することにもなりかねません。

この点については、かつて「青少年が安全に安心してインターネットを利用できる環境の整備等に関する法律」（青少年インターネット環境整備法）を巡って議論が行われました。

当初の案は、青少年に有害な情報を国が定め、有害情報を削除する義務をプロバイダに課すというものでした。しかし、最終的に成立したものは、青少年が有害情報に触れないようにするための努力義務はプロバイダに課していますが、何が青少年に有害な情報なのかは表現の自由の観点から民間の自主的な取り組みを尊重する、とされています。

つまり、有害情報対策において、社会的なコンセンサス作りをしながら有害の基準をソフトローとして作っていくことは民間の役割であり、民間にしかできない役割なのです。

青少年インターネット環境整備法に関連して、フィルタリングに関する基準作りをする民間の集まりはできています。しかし、積極的に有害情報削除を依頼する機関はできていませんでした。

ＳＩＡはそのために作った団体です。しかし、ＳＩＡの活動をしていくためには同じ目的を持った人たちが集まっていなければなりません。また、まったく異なった価値観の人の加入を認めてしまうと、運営にも支障が出てしまう可能性があります。そこで、構成員の資格要件を絞り込むことができるように一般社団法人としました。

違法・有害情報の対応フロー（セーフラインの例）

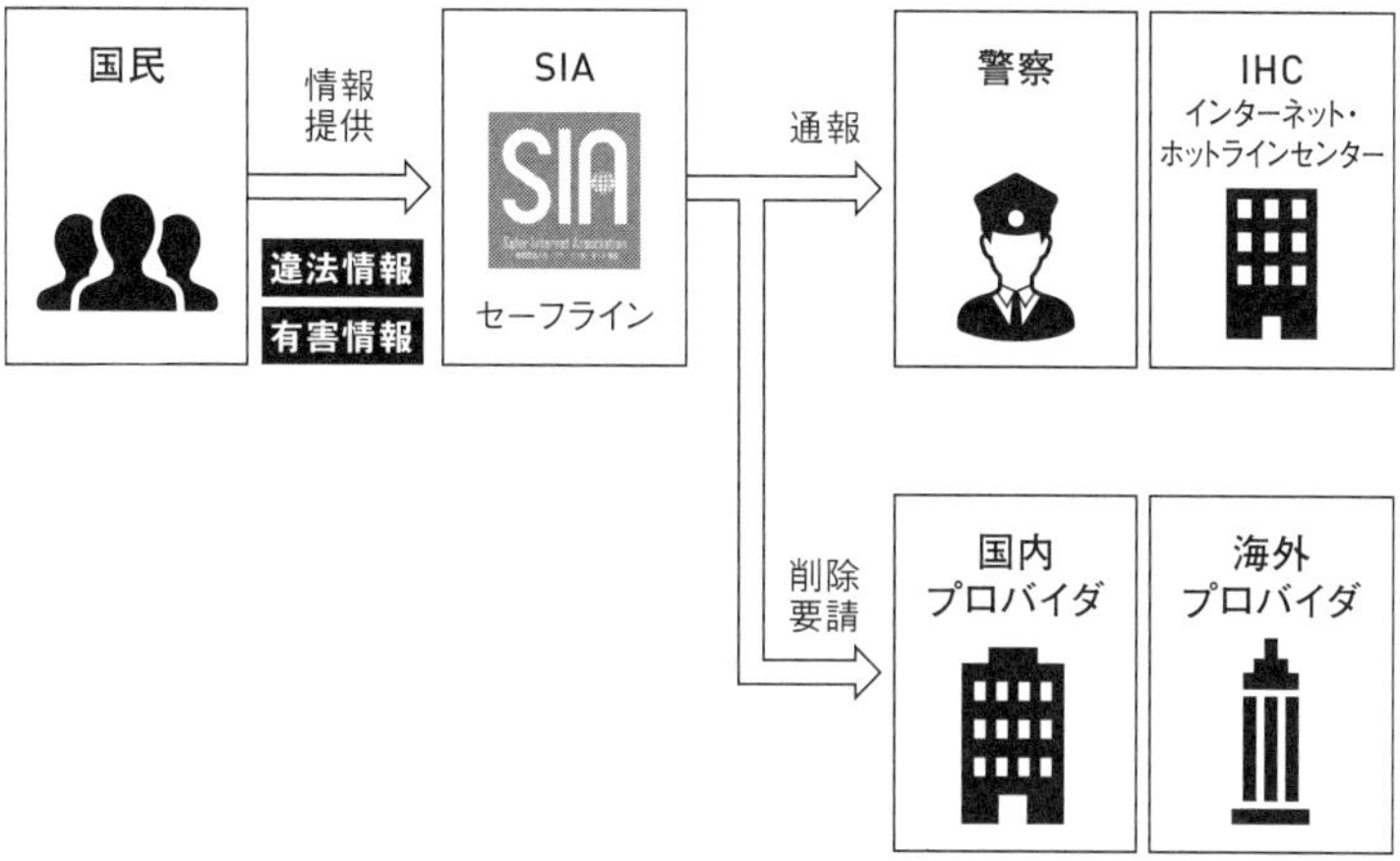

ＳＩＡではセーフラインという形で、違法・有害情報に取り組んでいます。セーフラインにおいては外部専門家によるアドバイザリーボードを設置し、運用ガイドラインを定めた上で対応を行っています。

青少年インターネット環境整備法が議論されていた頃、プロバイダに削除を依頼しても対応してもらえる割合は9割ないという話や、海外事業者には規制が及ばないということが言われていました。

しかし、2016年の結果から見ると、ＳＩＡが削除を要請した違法・有害情報について国内サイトのものは98％が依頼通り削除されています。また、海外サイトも95％が依頼通り削除されています。

ＳＩＡのようなホットライン活動は日本だ

けのものではなく、特にＥＵ諸国を中心に各国に組織が置かれ、相互連携も深まっています。その中の代表的な組織としては、ＩＮＨＯＰＥ（International Association of Internet Hotlines）があげられます。ＳＩＡも２０１６年からＩＮＨＯＰＥに加入して各国のホットラインと連携していますが、民間のホットラインの果たす社会的な機能が世界中で評価されていることがわかります。

このような機能の提供によって「表現の自由」も守られています。有害情報が溢れかえってしまい、有害情報の氾濫を防ぐにはハードローしかないというような意見が多数を占めるようになると、結果として国による情報管理につながるかもしれないからです。また、法律という成立までに時間がかかる制度に比べて社会問題の実態に迅速かつ柔軟に応じられるようにしていくという役割も果たしています。

２０１４年11月に「私事性的画像記録の提供等による被害の防止に関する法律」（リベンジポルノ防止法）が成立しましたが、ＳＩＡでは法律に先駆けて違法情報対策としてリベンジポルノに取り組んでいました。また、危険ドラッグ販売情報も２０１４年から違法情報に指定しています。

ＳＩＡでは取り組みの内容や結果を定期的に公表しています。これは活動の透明性を高めることと合わせて、現状を正しく国内外の多くの人々に伝えるためのものです。

以前、日本は最もインターネット上に児童ポルノが溢れかえっている国だと国際的に批判されていましたが、SIAでの取り組みについてのヒアリングが行われた結果、その指摘が間違っていたことがわかり、今は、そういった批判は止んでいます。

よいルールを作っていくためには正しい情報が必要です。民間の団体は、情報発信という観点からも重要な役割を果たすことができると考えています。

個々の団体の活動を超えて

さまざまな形態の団体について、それぞれの団体のあり方や役割について話をしてきました。形態を問わず、ルール作りのための政策提言や情報の提供、そしてソフトローの仕組み作り、ルール作りに先駆けての環境整備など、多くの役割を果たせることをおわかりいただけたのではないでしょうか。

団体の個別の活動の先には、他の団体との連携というものがあります。国際的な連携の例としてINHOPEのお話はしましたが、国内で同じような活動を行っている団体との連携も重要です。

数多くあるNPOや一般社団法人の中には、同じ領域で活動をしている団体も数多くあります。何か社会の仕組みを変えたい、ルールを変えたいということを目指すのであれば、できるだけ多くの団体と一緒にその目的に向かって活動をすることをお勧めします。

先ほど述べた通りヤフー基金ではＮＰＯへの助成金交付を長年にわたって行ってきました。毎年、助成金の申請を見るたびに、同じような活動をたくさんのＮＰＯが行っているなと感じています。

それぞれのＮＰＯは、それぞれの設立の経緯や、中心となって活動している人々の考え方によって、各々の特徴があります。それぞれのＮＰＯがユニークな活動をするところにＮＰＯとしての存在意義はあるのだと思いますし、大切なことです。

しかし、もし共通する部分で提携することができたら、特にルールを作るという部分で連携することができれば、とても強い存在となっていけるのではないかと思います。

たとえば、日本中にはインターネットリテラシーを子どもたちに伝えたり、教えたりするＮＰＯが数多くあります。そして、それぞれのＮＰＯがそれぞれのテキスト、それぞれの教え方を採用しています。

リテラシー教育が大切だということを否定する人たちは少数です。学校やＰＴＡもリテラシー教育を求めています。しかし、たくさんの人々が大切だと考えていながら、どのＮＰＯのテキストも方法も日本全国というサイズにスケールアップすることができずにいます。

もし、それらのＮＰＯが共通するテキストを使って、共通する方法でリテラシー教育を

他の団体と協力し、集まって活動することが大切

行うことができたらどうでしょうか。文部科学省に学校教育現場での同じテキストの採用を働きかけることができるのではないでしょうか。教え方を統一することで、教師向けの教育も提供することができるかもしれません。声を大にして予算を拡充するように働きかけができるかもしれません。

多くのNPOが、今の制度ではカバーができていない分野で重要な社会的役割を果たしています。社会教育もそうですし、福祉の分野、人権擁護の分野などでもそうです。

どこか一つのNPOが突出して大きくなり、力を持つという可能性は否定しません。たとえば、環境保護分野における海外のNPOの活動を見ていると、非常に大きな力を持っています。しかし、日本において、同じような状況がすぐに訪れるようには思えません。規模も小さく、資金力も弱いNPOが多いからです。

だとすると、有力な選択肢は他の団体と協力していくことではないでしょうか。ルールを作るには個々の団体の力ももちろん大切ですが、団体として集まって活動をすることで得ることができるものも大きいと思います。よいルールを作るために、他の人々と協力をしていきませんか。

民主主義の中でルールを作っていくためには、価値観の異なる人たちと、いかに共通する目標に向かって進むことができるかという課題を乗り越えなければならないのです。

コラム

ルールを提案する団体とルール作りを求められる団体

ここでお話ししたことは、自らがルール作りに積極的に取り組んだり、ルール作りを提案したりする主体として見た場合の団体についてです。しかし、団体を作った場合には、団体自身がルール作りを考えるという役割以外に、社会からルール作りを求められるという役割も担うことになります。

ヤフーがeビジネス推進連合会の設立に参加しようとした際に、社内では二つの意見がありました。

一つは、ビジネスを巡る環境を整備していくためには多くの会社と一緒に政策やルールを提案していく必要があり、一企業だけでそれを行っていくことは難しいというものでした。

もう一つは、政策やルールを提案していくために団体を作ったとしても、社会的な期待はそれにとどまらないのではないかというものでした。何か社会的な課題があった場合に、業界に対するクレームの受け皿とされたり、さまざまな自主ルールを求められることになったりするのではないかということです。また、逆に団体の意見が業界代表の意見として利用されてしまう恐れもあるのではないかという懸念もあります。

後者の意見は団体を作ることについての消極的な意見でしたが、最終的に多くの会社と一緒に意見形成をしていくことの重要性を優先させるという結論になりました。しかし、二番目の要素があることを十分に認識して、適切に行動していかなければならないという視点は忘れてはならないと考えています。

最近も、始まったばかりのビジネス分野で新しいハードローが必要だということを主張していた団体が、省庁からの依頼を受けて前向きな意見書を出した後で、出来上がってきた法案の内容が期待を超えて厳しすぎることに困惑していたという話を聞いています。

団体を作ってルール作りに参画していくためには団体そのもののガバナンスも重要ですが、同時にルール作りのプロセスや、それぞれの当事者が果たす役割、自分たち以外の関係者の意見などを十分に理解しておかなければ、団体を作ったことの負の側面に押しつぶされてしまうかもしれません。

第10章の要点

1　志を同じにする人々や企業が一緒になって団体を作ることは、声をあげるための有効な手段。

2　社団は必ずしも法人でなくてもよい。政策提言は法人でなくてもできる。

3　実質的な活動として何をどのように行うかが先で、その後から必要な枠組みを考えればよい。

4　団体を通じて事業活動を行うならば、ＮＰＯや一般社団法人のような法人が適している。

5　個々の団体の活動を超えて他の団体との連携・協力をするとルール作りが進みやすくなる。

第 11 章

日本の国内だけで
法律を変えても
対応し切れない問題がある

国際的なルール作り
に参加する

さまざまな国際会議に
参加する

この章では、国際的なルールも私たちの社会に影響を持っていることと、その国際的なルール作りにも参画する必要があるというお話をしたいと思います。他の章と異なるところは、私にはこの分野で具体的に何かを達成したという経験がまだないことです。その私自身もまだアプローチ方法を模索している途上にあるということです。

その意味では、私が今とっている方法が適切なものなのかどうかも判断いただきながら読んでいただければと思います。

また、この章で触れる国際会議については多くの略称が使われていて、読みにくいところがあると思います。しかし、実際の会議でも略称が多用されていますので、国際会議に出ていくためには、そういった略称に慣れることも必要です。それぞれの会議に参加している人たちのコミュニティ用語のような感じですね。

もしかすると、こういうことが国際会議に参加していくための一種の参入障壁になっているのかもしれませんが……。

私は、これまでＡＰＥＣ（Asia-Pacific Economic Cooperation：アジア太平洋経済協力）における国境を越える個人情報保護の会議（ＥＣＳＧ）や電気通信分野での青少年保護、災害対策などの会議（ＴＥＬ）、国連の開発のための科学技術委員会（Commission on Science and Technology for Development：ＣＳＴＤ）の中でのインターネットガバナンスについての会議

（WGEC）や世界情報社会サミット（WSISフォーラム）、日米インターネットエコノミー民間会合、G8リヨングループでの官民協力についての会議、サイバー空間に関するブダペスト会議とソウル会議などの会議に参加をしてきました。

また、国際学会や法律専門家の国際的な集まりでもさまざまな発信をしてきました。たとえば国際著作権学会でクラウドサービスと著作権との関係について話をしたり、国際弁護士会で個人情報の集中と独占禁止法との関係を話したり、アジア地域の若手法律家の会議で、インターネット上のサービスの利用者が死亡した後、その人が生前に利用していたコンテンツが相続されるのかどうかという話をしたり、という具合です。

しかし、国際的な取り組みについて、具体的な目標を持って体系的に課題に取り組んでいる状態とは、まだほど遠い状況です。

それでも、私たちが考えて取り組んでいることをお話しすることで役に立てるのではないかと考えて、ここで国際ルールの話を取り上げることにしました。

国際会議に参加する意味とは

私が国際会議に初めて参加をしたのは、2009年4月15日にシンガポールで開催され

国際会議に参加をしていくのであれば、
きちんと方針を決めなければならない

た青少年のための安全なインターネット環境に関するＡＰＥＣとＯＥＣＤ（経済協力開発機構）の共同シンポジウムでした。

総務省と経済産業省からの依頼を受けて、青少年保護に関心があるものの具体的な方策を模索していたアジア各国に向けて、日本における携帯電話のフィルタリング提供などの対策について話をしました。

アジア各国での携帯電話の普及はまだ始まったばかりでしたが、利用者数は急速に増えてきており、青少年保護は各国の関心事でした。一方、日本では２００９年４月１日に「青少年インターネット環境整備法」が施行され携帯電話へのフィルタリング提供義務などが義務づけられ、法律という枠組みを作って青少年保護に取り組み始めていました。

青少年保護に各国が対策を模索している中で、少しだけ先を進んでいた日本の状況について話をするのは少しでも役に立つのではと考えました。

しかし、まだ当時は、国際会議にどのように取り組んでいくのがよいのかということを考えていなかったこともあり、長期的な取り組みとして何かを具体的に提案していかなければならないという意識は持っていませんでした。

国際会議に参加をしていくのであれば、きちんと方針を決めなければならないと考えるきっかけは２０１０年のＡＰＥＣになります。ちょうど、日本がＡＰＥＣの主催国となった年です。

米ヤフーでプライバシー保護政策の責任者をしていた人から、広島で開催されるAPECのECSGという会議に参加をすることになったという連絡をもらいました。どうして米ヤフーという民間企業がAPECに参加するのか？　最初に抱いた疑問です。

企業が希望すればAPECに参加できる

一企業が希望してAPECに参加できるのかどうかも知りませんでした。それまでは省庁からの依頼を受けずにAPECに参加できるとは考えていませんでした。初めてAPECとOECDの共同シンポジウムに参加をした際も、省庁からの依頼を受けてだったからです。

まず、米ヤフーに理由を聞いてみました。APECのECSGという会議で国境を越える個人情報保護の枠組みについて議論をしているので、そこに参加する意義があるかを検討しており、実際の会議の様子を詳しく知るためだというのが回答でした。

その上で、もし参加するとしたらどこの国から参加するのがよいのかも考えているということでした。米ヤフーは、当時、香港や台湾、シンガポールなどAPECに加盟している地域に子会社を持っていたので、米国から参加するのがよいのか、それともアジア地域の子会社を経由してその地区の代表として参加するほうが有益なのかどうかも検討しているという話でした。

今まで考えてみてもいなかった話を聞き、考えさせられました。しかし百聞は一見にしかず。とにかく、広島で開催されるAPECのECSGに彼らと一緒に行くこととしました。もちろん、ヤフージャパンは日本の企業としてです。

ECSGという会議は経済産業省が管轄している会議でしたので、参加のためのエントリーをお願いしました。そこで初めて企業側から希望をして参加することができるということを知りました。

広島で開催された会議に参加をして目にしたものは次のようなものでした。

一つは、同じ人々が参加をし続けていて、お互いを知っている一種のコミュニティのようなものがあるということです。幸い米ヤフーの人と一緒に参加したことで、何人かに紹介をしてもらうことができましたが、常連のような人々がいることを知ります。

もう一つは、**企業の代表者が会議のメインテーブルに座って積極的に発言をしている**姿です。メインテーブルに設けられている各参加国の席は二つ程度ですが、発言したい人が次々とメインテーブルでの席を入れ替わって発言しているのです。当時は、ECSGで国境を越える個人情報保護のために、APEC参加地区が相互に認証し合えるような枠組み

APECでは企業が発言することができる

作りを進めていたのですが、米国の企業が何度も発言をしていました。その企業はプライバシー保護のための認証をビジネスにしている企業でした。

他の地域代表の席には企業からの代表が座っていなかったのと比べると米国のアプローチは対照的でしたが、APECでは企業が発言をすることができるということを初めて知った機会になりました。

米ヤフーは、米国を代表して企業として参加するとしても他に多くの参加希望企業がいて枠を取るのが難しいことと、すでに積極的に発言をしている企業とは立場が異なるため同じ国として参加しても自分たちの意見を主張していくことが難しいのではないか、ということを考えていたようです。

このAPEC参加をきっかけにして、ECSGにはほとんど毎回参加することにしました。当時は、CBPR（APEC越境プライバシールール：Cross Boarder Privacy Rules）というルールを作ろうとしていたときでしたので、どのようなプロセスを経てルールが出来上がってきたのかを知ることができました。

今も国境を越えた個人情報のやりとりに関連してCBPRにどう取り組むかということが議論されていますが、私たちが仕組みや背景を含めて理解ができているのはAPECに参加し続けたからだと思っています。

また、ＡＰＥＣ自体はとても幅広い分野をカバーしていて、そのためにいくつもの会議体があることも知りました。そして、電気通信分野においても、ＡＰＥＣでＴＥＬと呼ばれている会議に参加をするようになりました。

今の時点では、ＡＰＥＣの中で十分な貢献をすることはできていませんが、具体的な成果を目指して動くというよりも、**参加をしている人たちのコミュニティに入ってネットワークを作っていく**という段階にいると考えています。目指したい姿は、積極的に発言をしていた米企業の姿です。

国際ルールによってはインターネットが自由に使えなくなる危険がある

ＡＰＥＣへの参加は継続してきましたが、同時に別な課題にも直面しました。インターネットガバナンスという課題です。

皆さんが普段何気なく使っているインターネットというネットワークに関するルールも、国際ルールがベースになっています。しかし、そのルールについての議論に日本が十分に参画できているとは言えません。どのような議論がなされているかさえ知らない人も多いと思います。

実は、インターネットという基盤を支えている体制は強固なものとは言えない状態に置かれているのです。

インターネットというネットワークは、一つの国や一つの企業が管理しているものではありません。インターネットは米国発のネットワークですが、米国が管理しているものではないのです。また、インターネット企業と言われるグーグル社とかフェイスブック社といった企業が管理をしているものでもありません。

マルチステークホルダーと言って国、企業、市民団体などの合意で管理方法が決まるということになっています。

そういう管理がなされている中、中国、ロシア、中東の国々などはインターネットに関する国の管理権限を強化したいとさまざまな働きかけをしてきています。働きかけは一つの会議だけではなく、これからお話しする国連の複数の会議であったり、ＡＰＥＣのような多国間協議であったりします。中国、ロシア、中東の国々は、あらゆる機会を見つけては働きかけを繰り返しています。

今、中国では検閲をして、政府を批判するようなコンテンツを制限したり、検閲の妨げになるような個人向けのＶＰＮ（Virtual Private Network）というインターネット上でプライベートなネットワークを仮想的に作って安全に情報のやりとりができるアプリを禁止したりしています。

彼らの国際会議における働きかけを見ていると、そういう行動を正当化するための根拠を国際ルールに入れ込みたいということを目指しているように思えます。**それを放置しておいても大丈夫なのでしょうか。**

インターネットに関する国の管理権限を巡る国際間のせめぎ合いの中で、2012年、インターネットが危機的とも言える状況に置かれかけた瞬間がありました。国連の一部である国際電気通信連合（International Telecommunication Union：ITU）で起きたことです。

当時、ITUで催されていた世界国際電気通信会議（World Congress on Information Technology）、WCIT－12と呼ばれている会議では国際電気通信規則（International Telecommunication Regulations：ITR）の改正についての議論が行われていました。

ITRというのは国際電気通信のサービスと課金・料金計算などについて定めている条約で1988年にITUで採択され1990年7月に発効しているものです。もともとは国際電話に関する条約です。つまり、電話が他の国につながるようにするための基本となる事項を定めてきたものです。

ITRは国際電話のための条約でしたが、ITRの対象は「電気通信」と定められていました。そこでITRの対象である「電気通信」にはインターネットも含まれるとした上で、各国政府にコンテンツ規制や検閲、遮断等につながるような権限を認めることを定め

国際的な議論の結果によってはインターネットが自由に利用できなくなる可能性がある

ようという提案がなされました。日米欧はもちろん反対でした。

米国は、そもそも電気通信にはインターネットは含まれないという立場でしたし、日欧は、インターネットは電気通信の定義には含まれるもののコンテンツ規制や検閲、遮断等につながるような権限を認めることには反対という立場でした。

当初、日米欧が賛成しなければ改正案が採択されるはずはないと思われていました。ITUでの慣行では、全員が一致できるようになるまでは改正案が採択されることはなかったからです。電気通信が全世界を通じてつながるためには、参加国全部が同意した部分しか機能しない以上は全員が参加することが求められることになるというのが理由です。

しかし議長は、WCIT－12については賛成多数での採択を選び、全員の一致を見ないまま改正案が2012年12月に採択されてしまったのです。

予想外の採択でしたので、日本をはじめ欧米諸国は署名をしていません。電気通信の国際ルールは国の間の接続ルールですから、全員が賛成しなければ事実上の適用はされないため、とりあえず現状は確保されています。危機的な状況にはあるものの、何とか踏みとどまっているという状況です。

しかし、日米欧以外の国々がコンテンツ規制や検閲、遮断等の権限を国家が持つべきだと考えていることは明確になりました。皆さんには、**このまま国際的な議論を放置してお**

けば、インターネットが突然自由に利用できなくなる可能性があるというのが今の世界の実態だということを知っていただければと思います。

改正ITRは署名を止めたことでいったんは止まっていますが、それで問題が解決されているわけではありません。インターネットガバナンスについての国際的な議論は、ITU以外の場でも展開されているからです。この状況にどのように対処すべきなのでしょうか。それを考えてみたいと思います。

総務省の職員という形で国際会議に参加

国連におけるインターネットガバナンスについての議論の出発点は2005年に採択されたチュニスアジェンダというものにあります。世界情報社会サミット（World Summit on the Information Society：WSIS）のチュニス会合で採択された文書で、インターネットガバナンスについてのEnhanced Cooperation（協力強化）の議論の基礎となっています。

アジア、アフリカ、中東の諸国はEnhanced Cooperationが十分に機能をしていないと考えており、具体的な解決策に結びつくような議論を行うことができるような場を国連に期待しています。

ＩＴＵでＷＣＩＴ－12の議論が行われた後、チュニスアジェンダ採択後10周年となるためアジェンダで触れたEnhanced Cooperationがどのようになっているかを評価するための会議（ＷＧＥＣ）が国連のＣＳＴＤの中に設置されました。私たちはここからインターネットガバナンスへの議論に参加することになります。ＩＴＵの議論を見ていて感じていたインターネットガバナンスに関する危機感が出発点でした。

自分たちがビジネスをしているネットワークがどうなるかに無関心ではいられません。万一、コンテンツ規制強化が国際的なルールとして決まってしまうようなことになればサービスを利用いただいている利用者への影響も大きいと考えました。

そこで、まずはＷＧＥＣに参加したいと思いました。しかし、調べたところＷＧＥＣに参加したいと手を挙げただけで参加できるわけではないということがわかりました。そもそもＷＧＥＣに参加できるのは、国と市民社会の代表という構成でした。つまり企業は含まれていませんでした。

さらに、すべての国が参加できるわけではなく各地域を代表する国の参加という形になっていました。

日本は、幸い総務省からの強い働きかけも奏功し、何とかアジア地区代表の４つの国の中に入ることができました。そして、ＷＧＥＣへの参加については、総務省とも協議を重ねていたこともあり、総務省の職員という形で参加することができることになりました。

総務省が、インターネットガバナンスを議論するためにはビジネス側の参画も必要だと考えてくれたからです。

そこで、会議の参加日だけ職員となるという辞令をもらいWGECに出かけていきました。

APECには企業としての参加でしたので、総務省職員という立場で国際会議に参加するのは初めてでした。発言は総務省本省が決めた「対処方針」に従って行わなければならないため、議場での発言は総務省の担当者からということになっていました。

会議ですので各国の発言内容も刻々と変わってきますが、日本の代表者は「対処方針」を外れて発言ができるわけではありませんでした。確かに不自由な面もあるかもしれませんが、国を代表する意見である以上は十分な検討が必要だということはよくわかりました。

一緒に出かけていった出番は、議場の外での情報交換や意見交換においてでした。参加国それぞれの立場を理解し、会議での戦略をどうするのかということも議場の外で話し合われます。どの国が、どのような立場での発言をしていくのかを打ち合わせたりしていきます。

また、国とだけではなく市民社会の代表者たちとの話し合いも必要です。特に、市民社会の代表者の方々は継続して同じ方々が参加してきていますので、その仲間にどれだけなっておくことができるかが重要だと思いました。

非公式の場での協議も、結果を日本にフィードバックして対処方針についての指示を仰ぐことになります。

WGECではチュニスアジェンダに書かれたEnhanced Cooperationの実施状況をまとめるという目的がありました。しかし会議全体を通じてロシアや中東などの発言を聞いていると、インターネットガバナンスの強化という名目で国の管理権限を強くしたい国々の意向が透けて見える感じでした。そして、そういう意図を防戦していくというのが日米欧の役割でした。

結果的には、私が最初に参加したWGECの会議はある種硬直状態のまま終わり、目立った進展はないまま終わりました。それは日米欧の側にとって悪くはない結果でした。

しかし、WGECの会議はまだ継続しており、インターネットガバナンスについての議論も続いています。

関連するWSISフォーラム2016にも参加し、Where do we Stand in Africa ?というワークショップに出ています。また、WSISフォーラム2017では、Promote the Development of Internet & Mobile Internet Information Accessibilityというワークショップに参加しました。

ＷＧＥＣについても２０１６年９月から２０１７年９月の会合まで継続して参加してきています。現在はビジネス代表もＷＧＥＣに参加することができるようになりました。そこが大きな変更点ですが、そういう内容も参加者間の調整や、議長との調整が必要になるため、現地に出かけていっての調整は不可欠だと思います。

このようにインターネットガバナンスに関連するような会議体に参加しながら、情報収集も継続しています。しかし、自由なインターネットを守るという視点では予断が許されない状況が続いていることを知っていただきたいと思います。

味方になる国を増やすためにＩＧＦに参加する

ＷＧＥＣの場だけで味方になる国を作っていくことは難しいという印象を受けました。参加国が限られていることと、さまざまな国々と話をしていくには時間が限られているからです。特に、**国連の議論が多数決によることを考えるとアフリカやアジアの国々を味方にしていく工夫が必要だ**と考えました。

国連での会議では日米欧を合わせても少数派にすぎません。アジア諸国、アフリカ諸国などと協調することができる部分がなければ、意見に同調してもらうことは不可能だからです。

そこで、長期的な視点から取り組むことができる場所としてインターネットガバナンスフォーラム（ＩＧＦ）という会議体を選びました。インターネットガバナンスフォーラム（ＩＧＦ）もチュニスアジェンダの要請に基づいて設立されたものです。

ＩＧＦは地域ごとにも開催されており、アジアパシフィック地区のＩＧＦ（ＡＰｒＩＧＦ：Asia Pacific regional IGF）もありますし、日本にもＩＧＦ－Ｊａｐａｎが存在しています。


しかし、参加目的を国連をベースとした会議での日本のプレゼンス強化に置きましたので、国内のＩＧＦ－Ｊａｐａｎではなく、ＡＰｒＩＧＦやＩＧＦ本体に参加していくことを目指しました。

多くの国々と一緒に取り組むことができる共通テーマも必要です。テーマには、各国の関心が高く、日本が少しでも進んでいて、かつキャパシティビルディング（対応能力の向上）などでも各国への支援を具体的に展開できる分野を選ぼうと考えています。

その観点から選択したのが、インターネット上の青少年保護という分野です。子どものインターネット利用は世界中で増えています。一方で、子どもが事件や事故に巻き込まれたり、子ども同士のいじめ問題を起こしたりという問題も世界中で増えています。日本は、少しだけ早くモバイルインターネットが普及し、子どもの利用による問題もいち早く

長期的にお互いにウィンウィンになる関係が必要

社会的な課題となったため、一歩だけ他の国より先に進むことができている部分がありま す。

その部分で他の国々の役に立つことができるのであればと考えました。違法・有害コンテンツの削除という点でも、プロバイダ責任制限法とガイドラインなどの枠組みによって一定の対応はできていると思います。

それぞれの国が許容できないものが増えてしまって青少年への被害が増えれば、コンテンツ規制というようなことにつながっていくかもしれません。インターネットがもたらした表現の自由を守っていくためにも、それぞれの文化の中で許される限度を超えるような表現で溢れかえるようなことがないような対策をシェアしていくことが重要だと思います。

国際的に協調関係を築いていくには、長期的にお互いにウィンウィンになれるような関係が必要です。同時に、まったく新たな取り組みを協働していくという選択枝は、成功する確率も不明であり、負担も大きく現実的ではありません。

これまでの事業を通じて培ったノウハウをプロボノで提供できるものという点でも、相手にとって役に立つものという点でも、インターネット上の青少年保護という分野は最適ではないかと考えました。

そこで、青少年保護における日本の対処方法を紹介し、各国のキャパシティビルディングを手助けできないかという提案をしていく、ということを目指すことにしました。

最初はまずＡＰｒＩＧＦでヤフーが主催するセッションを持つという目標を立てました。それまでは受動的に依頼されたセッションに出席していただけでしたが、とにかく事務局にセッションの提案をしてみました。提案をしたものの、どうすれば採択されるのかわからないまま次の手立てをどうしようかと考えていたところ、幸いなことに採択するという連絡が来ました。

その結果、２０１６年7月に台北（台湾）で開催されたＡＰｒＩＧＦで初めて、青少年にとっての安全なサイバー空間（Safe and Secure Cyberspace for Youth）というワークショップを主催することができました。ワークショップに招聘をしたパネリストの方々とのやりとりや、会場での質疑、会場外でのネットワーキングを通じてＡＰｒＩＧＦの中で日本の存在感を示すという役割は十分に果たせたのではないかと考えています。

次は地域ＩＧＦではなく、国連ＩＧＦでした。ＡＰｒＩＧＦでのワークショップ成功の後、同年12月にグアダラハラ（メキシコ）で開催されたＩＧＦで、ＴＰＰに関するセッションや青少年保護についてのワークショップを主催することができました。

ワークショップの開催と並行して考えていたことは、ＩＧＦのコミュニティに入っていくことです。ＩＧＦにはＭＡＧ（The Multistakeholder Advisory Group）というチームがあるため、その一員となることができないかを模索しました。組織の外からの働きかけも重要ですが、やはり組織の中に入って活動をしていくことが影響力を増すための方法ではないかと考えたからです。

時期としては日本からエンジニアの代表としてMAGメンバーに入っていた方が任期満了になり再任してもらえるかどうか不明確だというタイミングでした。MAGメンバーに選任される基準が不透明であることはIGFの組織上の問題ではあるものの、結果的には2017年3月にヤフーから1名がMAGメンバーに就任することができました。

内部での議論に参画することができるようになったことは、今後の情報収集にも役に立つと考えています。

APrIGFについては、2017年7月にはバンコク（タイ）で開催されたAPrIGFでも、オンライン青少年保護についてのワークショップを主催することができました。

活動としてはまだまだワークショップの開催に限られていますが、将来的にはキャパシティビルディングの具体的支援や、海外からの研修受け入れなどを行うことができればと考えています。

今のステージは、IGFに対して、青少年保護をテーマとするセッションを持つことを提案しながら、WSISフォーラムなどで海外の方々との意見交換を行っているというものです。海外の国々、特に企業や市民社会の代表者たちと一緒に何かをすることができるようになるには、まだ時間が必要です。

ＩＧＦやＷＳＩＳフォーラムのコミュニティの一員として認識してもらうためには時間がかかるものです。しかし、**時間を要することには少しでも早く取り組まなければ、最終結果が出てくる時期が遅くなるだけです。**

その意味では、すでに米国などと比べると周回遅れの感はありますが、これ以上の遅れは避けなければと感じています。

残された多くの課題

これまではインターネットガバナンスという自分たちのビジネスの中核であるネットワークのあり方と国際協議との関係について話をしてきました。しかし、それ以外にも国際ルールを意識しなければならないものは多数あります。

消費税についての消費地課税の原則との関連でＯＥＣＤのことに触れましたが、税金だけではなくＯＥＣＤのルールは大切です。個人情報保護法の基礎となったプライバシー保護の8原則もＯＥＣＤで議論されたものです。

国際ルールが決まってから国内ルールになるという事態は避けたい

　また、電子商取引については国際的な枠組みをＷＴＯ（The World Trade Organization：世界貿易機関）で取り決めることを検討し始めています。**国際ルールが決まってから、国内ルールになってくるというような事態は避けたいところです。**

　私たちもこれらの問題に十分に取り組むことができているわけではありません。あまりにも多くの国際ルールがあり、それを議論している会議体も多く、なかなか一つの企業だけで全部に取り組むことは難しいというのが実情だからです。

　もう一つは**それぞれの会議体に参加している人々のコミュニティのようなものの中に入り込むには時間がかかる**ということです。また、とても一人で全部できるわけではありません。

　そのためには多くの人々と協力して分担していくことが必要だと考えています。また、最近は国際規格について日本がリードすべきだという意見は増えてきていますが、規格と国際ルールを一連の対象と考えていかなければ適切に対応することはできません。

　日本のルールはもちろんですが、多くの国際ルールも私たちとは無関係ではないのです。

第11章の要点

1　国際的なルールも私たちの社会に影響を持っているので、ルール作りに参画する必要がある。

2　国際会議に参加するのであれば、きちんと方針を決めなければいけない。

3　国際会議に参加している人たちのコミュニティに入ってネットワークを築く必要がある。

4　国際的に協調関係を築くには、自国の利益を考えるだけでなく、長期的にお互いにウィンウィンになれるようにすることが必要。

あとがき

できるだけ多くの人にルール作りについて関心を持ってもらうことができればと考えて、この本を書きました。

私自身、大学で法律を学び、卒業後に企業法務の仕事に長年従事していましたが、古物営業法の改正に直面するまでは、法律というルールの形成に関わることをほとんど考えていませんでした。

もちろん、それまでまったく問題意識を持っていなかったわけではありません。かつて、もう20年以上前に民事訴訟法の改正が検討されていたときのことです。企業の法務担当者が集まってできた経営法友会の中の研究会で他の会社の法務の方々と改正内容について検討をしたことがあります。

それが、本当に最初に法律というルール変更について考えた経験でした。

しかし、残念ながら当時はまだ法務の担当者としても未熟でしたし、本書で書いたようなルール変更に取り組んだ経験もありませんでした。どうやって、あるべきルールを考えればよいのか、考えた結果をどのように他の人々に伝え、説得すればよいのかなど、よくわからないままでした。

社会にとって有益なルール作りに取り組む必要性は強く感じたものの、何も自分ではできなかったという経験でした。多くの人々の役に立つようなルール作りが必要であるはずなのに、それを実現する方法がわからない。そのときに感じた無力感と何とかしてルール作りにもっと取り組むことができないかという気持ちが、ずっと心に残っていました。

私がルール形成への取り組みを始めたきっかけは古物営業法改正でしたが、それにとどまらずにさまざまな課題に手を広げて取り組んできた背景には、そのときの気持ちがバネとなっていると思っています。

きっと世の中には、私と同じようにルール作りに取り組まなければと考えている人が他にも大勢いるのではないかと思っています。

本書には私が取り組んできた経験の一部が書かれています。しかし、紙面の都合もあり、本書で取り上げることができなかったものが数多くあります。また、本書で触れた事例についても、ここには詳しく書くことができなかった部分があります。それらを含めて、今後もルール作りに取り組みたいと考えている人に伝えていきたいと考えています。

私がしてきた経験は、日本の民間企業においてまだ珍しいものであると思います。この経験を、一つの企業の中に閉じることなく、今後多くの人たちのためにルール形成の手助けをしていくことができればと思っています。

振り返ってみるとたくさんの方々と一緒に取り組むことができたからこそ、これまでいくつかの結果を出すことができたと考えています。

しかし、一緒に活動をしていただいた方々や団体の名前を全部記載することはしていません。名称を記載させていただいた方々や団体は、公表されている文書などに名称が載っているものに限らせていただいています。また、本書で伝えたいことを端的に伝えるために、あえて名前を省略させていただいた部分もあります。

しかし、ここに名前を書くことができなかった議員の方々や省庁の方々をはじめ、多くの方々に深く感謝をしています。その方々から協力を得ることができなければルール変更をすることはできなかったと考えています。

そして、何よりもルールを変えることにチャレンジし続けているヤフーの法務や政策企画のチームの皆さんに感謝しています。

また、私の拙い経験を本にあらわすことを支援してくださり、その機会を与えてくださった私のビジネスコーチのコーチ・エィの市毛智雄さん、ディスカヴァー・トゥエンティワンの編集局長の藤田浩芳さんに心から感謝しています。

ともにルール作りに取り組み、本書の構成や原稿についてもフルレビューをしてサポートしていただいた古閑由佳さんがいなければ本書の完成はありませんでした。深く感謝の意を表したいと思います。

また、本書を記述するに際しては、私が行った立教大学21世紀社会デザイン研究科での「アドボカシーとソーシャルデザイン」の講義資料や、慶應義塾大学法科大学院での「政策提言法務の実際」の講義資料をもとにしているところが大きく、それらの講義資料の作成を担っていただいた常盤井珠美さん、門野智美さん、日吉加奈恵さんにも、心からお礼を述べたいと思います。

そして、各章のチェックをしてくださった宮田洋輔さん、吉川徳明さん、石井登志郎さん、畠良さん、今子さゆりさん、千田万里子さん、友成愛さん、阿久津明子さんの各氏にも深くお礼を申し上げます。

最後に、本書に記載したような数多くの仕事に没頭することができていることを、家族への感謝として述べたいと思います。

平成29年11月

別所直哉

ビジネスパーソンのための　法律を変える教科書

発行日　2017年　12月　15日　第1刷

Author　　別所直哉

Book Designer　小口翔平＋上坊菜々子（tobufune）

Publication　株式会社ディスカヴァー・トゥエンティワン
〒102-0093　東京都千代田区平河町2-16-1 平河町森タワー 11F
TEL　03-3237-8321（代表）　FAX　03-3237-8323
http://www.d21.co.jp

Publisher　干場弓子
Editor　藤田浩芳

Marketing Group
Staff　小田孝文　井筒浩　千葉潤子　飯田智樹　佐藤昌幸　谷口奈緒美
古矢薫　蛯原昇　安永智洋　鍋田匠伴　榊原僚　佐竹祐哉　廣内悠理
梅本翔太　田中姫菜　橋本莉奈　川島理　庄司知世　谷中卓　小田木もも

Productive Group
Staff　千葉正幸　原典宏　林秀樹　三谷祐一　大山聡子　大竹朝子　堀部直人
林拓馬　塔下太朗　松石悠　木下智尋　渡辺基志

E-Business Group
Staff　松原史与志　中澤泰宏　伊東佑真　牧野類

Global & Public Relations Group
Staff　郭迪　田中亜紀　杉田彰子　倉田華　李瑋玲

Operations & Accounting Group
Staff　山中麻吏　吉澤道子　小関勝則　西川なつか　奥田千晶
池田望　福永友紀

Assistant Staff　俵敬子　町田加奈子　丸山香織　小林里美　井澤徳子　藤井多穂子
藤井かおり　葛目美枝子　伊藤香　常徳すみ　鈴木洋子　内山典子
石橋佐知子　伊藤由美　押切芽生　小川弘代　越野志絵良
林玉緒　小木曽礼丈

Proofreader　文字工房燦光
DTP　朝日メディアインターナショナル株式会社
Printing　日経印刷株式会社

ISBN978-4-7993-2202-4